世图心理

博客：http://blog.sina.com.cn/bjwpcpsy
微博：http://weibo.com/wpcpsy

埃里克森经典书系

新身份的认同维度

DIMENSIONS OF A NEW IDENTITY

[美]
爱利克·埃里克森
(Erik H. Erikson)
著

燕子
译

中国出版集团有限公司

世界图书出版公司
北京 广州 上海 西安

图书在版编目（CIP）数据

新身份认同的维度 /（美）爱利克·埃里克森著；燕子译. —北京：世界图书出版有限公司北京分公司，2023.11
ISBN 978-7-5232-0129-9

Ⅰ.①新… Ⅱ.①爱… ②燕… Ⅲ.①个人社会学－研究 Ⅳ.①C912.1

中国国家版本馆CIP数据核字（2023）第186554号

Dimensions of A New Identity
By ERIK H. ERIKSON
First published as a Norton paperback 1974.
Simplified Chinese edition copyright:
2023 BEIJING WORLD PUBLISHING CORPORATION
All rights reserved.

书　　名	新身份认同的维度 XIN SHENFEN RENTONG DE WEIDU
著　　者	[美]爱利克·埃里克森（Erik H. Erikson）
译　　者	燕　子
责任编辑	吴嘉琦
出版发行	世界图书出版有限公司北京分公司
地　　址	北京市东城区朝内大街137号
邮　　编	100010
电　　话	010-64038355（发行） 64037380（客服） 64033507（总编室）
网　　址	http://www.wpcbj.com.cn
邮　　箱	wpcbjst@vip.163.com
销　　售	新华书店
印　　刷	三河市国英印务有限公司
开　　本	787mm×1092mm 1/32
印　　张	5
字　　数	145千字
版　　次	2023年11月第1版
印　　次	2023年11月第1次印刷
版权登记	01-2014-0630
国际书号	ISBN 978-7-5232-0129-9
定　　价	59.00元

版权所有　翻印必究
（如发现印装质量问题，请与本公司联系调换）

说明

1972年，美国国家人文基金会在人文研究领域正式设立"杰弗逊讲坛"。这是一个高层次的一年一度的系列讲座，其目的在于将学术研究和公共事务有机结合在一起，在两者之间的鸿沟上架起一座桥梁。就讲座本身而言，基金会专门委托具有国际知名度的思想家们，结合自己对生命价值、人生目的和需求等的看法，并联系自己的生活实践，通过自己丰富的学识、阅历，对社会现实和当代文化中的一些突出问题，以及人们对这些问题的关切，进行深入分析并分享个人见解。

这个讲座以曾经担任过美国哲学学会主席和第三任总统的托马斯·杰弗逊[①]的名字命名。像其他美国不同时代的先贤一样，杰弗逊同样是美国建国之初那一代具有极佳修养的先贤的典型代表，他对今天是未完结的昨天的继续，或现在

---

① 杰弗逊于1794年至1815年担任美国哲学学会主席。——译者注
（以下如无特殊说明，均为译者注）

是未结束的过去的延续做出了准确的阐释。鉴于此,美国国家人文基金会通过将杰弗逊作为象征,希望在加强思想家、学问家和公众之间的纽带方面发挥引领作用。

美国国家人文基金会是美国联邦政府的一个机构,由美国国会于1965年设立。该基金会向人文领域的学术研究提供奖学金和研究经费,对旨在提高人文领域的正规教育提供帮助,并为致力于对促进公众对人文科学了解的项目提供资助。

开场白

当美国国家人文基金会①宣布设立"杰弗逊讲坛"时,这个决定立刻激发起人们的各种期待。人们之所以对其寄予厚望,首先是因为这是一项以托马斯·杰弗逊②这位美国伟大政治家的名字命名的学术活动。此外,虽然人们并不指望通过参加这个一年一度的讲坛成就个人之志,但希望它能体现多元化:参与者应该来自不同领域,例如"学术界、创新领域、普通公众,甚至科学技术等方面";研讨的主题也应多元,既涉及"对人文学科领域的一些重要问题的见解",也能兼顾"对人类的认识与实践等一些现实问题"。各方对"杰弗逊讲坛"的这些期待,对我参加讲座造成了不小的压力,甚至使我一度陷入焦虑。最终真正令我完全释然的是,时任美国国家人文基金会代主席华莱士·埃杰顿的一次造

---

① 美国国家人文基金会(The National Endowment for the Humanities)是联邦政府的一个机构,由美国国会于1965年设立。
② 托马斯·杰弗逊(Thomas Jefferson,1743~1826),美国第三任总统、《独立宣言》主要起草人。

访。与埃杰顿的交流对我为准备"杰弗逊讲坛"的几篇稿件很有助益,我的紧张情绪也由此得以放松,让我的思绪不断回到杰弗逊生活的那个时代,重新思考美国建国前后的一些重大事件,并重读那时重要人物的语录和至理名言。这对我进一步认识自己的研究领域,并厘清其中的脉络十分关键。

1973年的"杰弗逊讲坛"于是年五朔节①期间在首都华盛顿特区举行。然而从第一讲开始,即出现人文学科中的一些真知灼见与一些社会问题(至少是那些最容易触动公众情感的)严重脱节的情况,似乎这两大类问题互不关联,甚至风马牛不相及。虽说这种情况不多,但也不妥。同样的现象还有,在涉及美国的一些重大国内政治问题时,整个国家围绕越南战争②出现的严重分歧与对立。预料之中的是,参加讲座的部分听众希望将眼前的一些问题厘清,即在这些问题中,哪些是历史遗留的或与历史有渊源的,哪些是新出现的。听众提出这样的要求是正常的,但如果让在某个时间段内出现的问题,或一些短期存在的认知问题左右并决定"杰

---

① 五朔节(May Day)是欧洲部分国家和美国的传统节日,通常在每年的5月1日。
② 原文使用的是东南亚战争(War in Southeast Asia),即越南战争。

弗逊讲坛"的性质，我认为是不可取的。当然，在该讲座规定的演讲时间内，演讲者要将希望表达的想法说清楚实属不易，对我则更难。然而，这些林林总总的问题，连同当代问题中的那些有关联的问题，也就变得越来越清晰了，这些问题与具有长期性的某些内容有重叠，又与我在"杰弗逊讲坛"上希望谈的主题不无关系。在此背景下，我将"杰弗逊讲坛"作为一个平台，尽可能把相关的几个重要问题讲深讲透，之后经过适当扩展，最终形成了今天呈现在读者面前的这本印刷册。

为保持口语风格并尽量避免过多使用书面语，我很在意本书的文体结构和语言风格。全书内容均来自我这两天晚上在"杰弗逊讲坛"上的演讲。为使这两篇冗长的演讲稿更有节奏感，我没有照搬演讲人通常在演讲中使用的一些用语，如"女生们、先生们"之类的彬彬有礼的文饰（尽管这种方法是一种提示，既可提醒听众注意自己讲话内容的转折，又有利于对演讲节奏进行宏观把控），而是在演讲内容中添加了若干小标题。这样便于读者跟随我在各种不同的观点之间进行切换，了解我所希望表达的想法。

受邀参加"杰弗逊讲坛"的演讲，对任何一个人都会是一段难得的人生经历。我作为1973年度该讲座活动的一部分，在两场讲座结束后，获益良多，尤其是今年美国国家人文基金会将其在全国的代表和注册赞助者悉数邀请到了华盛顿特区，这对我来说别有一番意义。借此机会，我要特别向基金会主席罗纳德·伯曼博士和他的助手们表示感谢，正是因为他们对我提供帮助的方式十分独特，才使我能够在今年的讲座上尽情发挥，将自己长期思考的一些问题和盘托出。从这个意义上说，我所讲的东西即便明日就成为过眼烟云，也无关紧要，因为我的主观愿望是对"杰弗逊讲坛"尽自己的绵薄之力，希望能对后来的演讲者起到抛砖引玉的作用。

在此，预祝"杰弗逊讲坛"能为美国国家人文基金会的各项工作增光添彩，并成为美国公众交流思想的一个重要讲坛。

目　录

说明
开场白

第一讲
创始者及其原则：杰弗逊的行动与信念　001

引言：从病史到历史　003
第一章　蒙蒂塞洛世界观　011
第二章　新世界，新物种　025
第三章　登高望远　039
第四章　总统面面观　054

第二讲
赓续者：现代洞察力和预见性　069

第五章　"这代人"与其他语录　071
第六章　旧的新身份　087
第七章　人类从地上直立起来　098
第八章　身份危机的危机　116
第九章　解放运动和自我醒悟　132
结论：一个成年人的时代？　141

译后记　150

第一讲

创始者及其原则：杰弗逊的行动与信念

引言：从病史到历史

　　让我为美国国家人文基金会说一句公道话。首先，我应该声明——感谢你们这次对我的邀请——我知道托马斯·杰弗逊是这一系列讲座的主题精神，但这绝不是它的唯一主题。然而，我还是不由自主重新审视了托马斯·杰弗逊，而（我应该早就明白这一点）一旦你关注杰弗逊，便再也无法轻易摆脱他。正如最优秀的精英们亲身体验到的那样，要彻底搞懂杰弗逊，也不容易。人们常说，杰弗逊的形象有诸多不同的侧面。对此，我不得不从对约翰·肯尼迪的一句名言的一番释义开始，这句话出自他在白宫为诺贝尔奖获得者举行的一次社交活动上发表的讲话。他说，自从杰弗逊总统在白宫单独进餐①以来，如此规模的"杰出人才和人类知识

---

① 杰弗逊自其妻玛莎·杰弗逊1802年去世直至第二个总统任期结束，在白宫一般都是独自用餐。

精英"在此济济一堂的画面便再也没有出现过。同样，有人也会公允地说，尽管杰弗逊始终是那些专心致志的学者认真研究的对象（当然，还有更多一时兴起的评论家们也在对他进行着不着边际的分析），但杰弗逊穿越时间隧道，迄今依然令人难以捉摸，并且随着一代又一代试图看清他的人的努力，他的形象也不断被放大。因此，在一个定期举行的学者集会[1]面前，我将自己视为一名见证者，感觉到自己正受到一种召唤力的驱动，充当某种独特观点的代言人，而这个观点出自一位能力受到约束的美国公民、一位专业人士[2]之口。

对这个国家而言，我的身份是一个移民，那些每个美国青少年（应该）在学校所学的这个国家的历史，我是很晚才补上的[3]。不过，他们的历史课程中还有许多关于杰弗逊将传统立场（a classical stance）[4]移植到美洲大陆来的内容，而我曾在欧洲受到的人文主义教育，对我领会这些内容是一

---

[1] 此处意指"杰弗逊讲坛"。
[2] 作者意指托马斯·杰弗逊。
[3] 作者从奥地利移居美国大约是在1933年，彼时他31岁。
[4] 美国人在日常生活中所谈的传统立场，通常包括欧洲的价值观、文化、宗教观等。

种铺垫。已进入耄耋之年的我,在今晚的讲演中领悟到,杰弗逊从欧洲带来的理论观念[1]在这个国家已成为指导方针,不论它有什么价值,它只能在这个国度生根发芽。正因为如此,我的头衔将我的身份内涵与今天这个场合合乎情理地联系在了一起。

最后,还有一个问题需要解决。我是一名精神分析学家,你们当中有些人知道,我的名字经常与"心理历史学"(psychohistory)这一术语相关联。现在,我希望人们从一开始就明白:一直以来,我只在这个术语加上了心照不宣的引号时才使用。因为,这一朴实术语的出现也是自然而然的——就像精神生物学(psychobiology)或精神压力症[2]当初出现时一样,直到我们认识到,正是此类术语要使它极力否定的分歧成为永恒——我不愿意将我自己同以此术语的名义所做的一切联系起来。因此,简要就方法论谈一下我的见解看来十分必要,这样,我就可以继续按照我自己的方式

---

[1] 托马斯·杰弗逊1785年至1790年任美国常驻法国公使,1790年至1793年任国务卿。由于上述经历,杰弗逊谙熟欧洲政治、经济、文化。
[2] 精神压力症(psychosomatics)通常指由精神压力等因素引起的疾病。

向各位讲解我是如何着手分析像杰弗逊这样的一位历史人物的。

心理历史学本质上是用精神分析学与历史学相结合的方法,对个体和集体生活进行的研究。由于这两个领域中的研究人员所提出的一些要求既非常特别又相互冲突,因而必须在两者之间建立桥梁,从而使得真正的跨界成为可能。这座建好的桥梁应该可以双向通行并且畅通无阻;一旦这成为现实,历史就再次仅仅为历史而已。但是现在的情形却是,历史知道这样一个事实:它总是用现在可以是笔直、公开并且有领悟力的心理学的角度驰骋于隐蔽、私密、迂回、曲折的交流当中。出于同样的原因,精神分析法将会认识到它自己的历史决定因素,而病史和生活史将不再是表达的方式方法,你"接受历史"的方式也是"创造历史"的方式。

然而,精神分析因为它的临床起源现在被称为心理历史学,而心理历史学又类似于病史研究。一份真正的病史能够描述一个人患了什么病,以及这个人为什么精神崩溃或停止发育;病史试图将依据观察者的精神动力观测得出的诊断结果,归因于特定的机能失常;病史还提出治疗建议,比如,什么治疗方法在这之前或者在未来,可以在这个或相似病例中用来重新激发出活力，从而获得更加可靠的疗效。与此恰好相反，生活史（a life history）描述的是一个人如何尽力保持自己完好，并努力保持自己在其他人生活中的重要作用。当然，作为他人生活中的一个重要影响因素，一个在生活史中的英雄通常会出现的是慢性神经性心理冲突。同样，一个在生活史中的英雄通常所具有的慢性神经性心理冲突，是其全部性格的主要组成部分，但只有当这种心理冲突找上他时，他才是一个病人。

当我第一次涉足这个领域时，我觉得其规律性真是又令人恼火又有点好笑，对此，英国和美国的有关评论都加上了"躺在诊疗床上的路德"（Luther on the Couch）[①]字样的标题。自那时起，我读了一些对某些大人物（包括杰弗逊）的分析。这些分析的确是这样描绘这些大人物的所说所写的：他们的言辞仿佛是在特定的临床语境下，描述这类病人的自愿承认和坦白。这套方法简直糟透了。然而，研究历史人物的生活史首先必须考虑该人物的生活如何前后一致，

---

① 路德（Luther）指马丁·路德（Martin Luther），欧洲16世纪宗教改革运动的发起人。另，此处"couch"一词指精神病医生的诊疗床。"Luther on the Couch"意指对路德这一历史人物进行精神分析。

正如他也保留自己的部分生活圈一样。于是，他的性格——既有完全的独特性，也带有冲突和不足——不管是好是坏，一定会被视为其时代的典范，用来满足其追随者生活中的特殊需要。

然而，心理历史学研究与精神分析有一定渊源的事实有着持续、重大的影响。对于一名精神分析学家来说，在他所接受的训练中，当他对别人进行分析时，原则上，他必须首先学会理解自己身上的这种无意识动机。为了实现这个目的，他就要接受训练性的精神分析。为帮助他的病人找出一生中可能（并且已经）出现问题的地方，他必须提升这个病人自身性格中可以自愈的东西。因此，他必须学会不仅不对病人造成伤害，而且不能使用诠释来满足自己的理想化或谴责病人——无论如何，不在他没有系统地知道和承认他正在这样做，以及为什么这样做的情况下。

在心理历史学中，与"希波克拉底职责"[①]相应的观点是显而易见的，但更加难以被明确表述，并且人们也很不

[①] 希波克拉底，古希腊著名医学家，为医学成为一门独立的科学奠定了基础，被誉为"医学之父"。"希波克拉底职责"指他所倡导的给病患有益的治疗、不得伤害病患、终生为人楷模等医学道德。

容易就这样的问题达成一致：谁接受过"诊断"历史人物和——在某种新的意义上——"篡改"（doctor）历史的培训？我们在研究某位历史人物的生活史时所追求的合法性，要求我们必须从他所处时代的角度阐明其个人目标，并将他和他所处的时代与心理历史学家的价值联系起来。鄙人认为，好的历史学家总是用鲜明的风格和敏锐的判断，表明他们在一定程度上知道他们自己在历史中的位置。鉴于历史不仅是领导者和被领导者之间那些导致政治力量和思想感召力持久变化的互动的纪录，因而它还是历史概念如何既影响并反映历史撰写、又影响并反映历史创造的纪录。这种认识因为精神上的洞察力而变得十分锐利。与此同时，领导者和被领导者都极其热衷于干涉媒体，双方对媒体说的每一句话中的任何含义都变得格外神经质，于是新的责任便由此产生。对于这种责任，我冒昧地认为，这对研究杰弗逊的生平与时代的学者和科学家团体来说，是一个恰当且义不容辞的主题，我将毫不犹豫地作为一名见证人出现在他们面前。

请允许我用丹尼尔·布尔斯廷[①]的话做一个总结："决

[①] 美国著名社会历史学家、教育家，出版过多部美国文明史方面的著作，曾任美国国会图书馆馆长。

不能将人类的过去当作一部文集，从中抽取恰如其分的语句满足当下之需，而要把它作为观察各种切实可行的方式的舞台，透过各种各样既诱人又云谲波诡的情势，窥探人类用这些方式所曾经应对的各种古老问题。"对布尔斯廷的这个观点，精神分析学家将会在其后面加上，此处所说的"过去"，必须既包括人类作为个体的早期生活，也包括整个人类的早期生活，而且在这两种早期生活中，"古老问题"很容易被证明同样是令人难以置信的当代问题，这绝非戏言。

第一章　蒙蒂塞洛世界观

现在，让我们试着简单了解一下世界看待杰弗逊的方式。我将此冠以"蒙蒂塞洛世界观"（Monticello）[①]之名。正如杜马·马龙[②]所指出的那样，杰弗逊首先作为一位伟大的政治家被研究了整整一个世纪，他的生活史与美国这个新的国家的诞生几乎可以画上等号。在新大陆，他在个人和公共生活中，致力于恢复古代的价值观。只是到了我们这个时代，他高深莫测、冲突且矛盾的人格才被加以系统性地研究；随后还会有更多的这类研究。

目前为止，我谈到了我的动机和使命，有必要明确一

[①] 指杰弗逊自己设计的住宅名称，位于弗吉尼亚州夏洛维茨附近的西南山麓。
[②] 杜马·马龙（Dumas Malone，1892~1986），美国知名历史学家、编辑，杰弗逊研究领域的领军人物，著有《杰弗逊》等多部专著。

点，即我只能逆向完成我的研究：从研究杰弗逊不断发展变化的人格入手，到他关于人道主义的思想，最后到他的政治家素养。但是，正如我所指出的那样，一位政治家最独特的行为方式（除非它是令自我克制完全崩溃的明显症状），总是反映当前的状态和情绪，特别是发展变化中的状态——包括他自己的意图。如果一个人打算为一位政治家的人格打分，那么他就必须研究相关的历史运行方式以及这位政治人物的内心世界。为了探究他的内心世界，还要翻阅重要文献选集中所能找到的数据，以及前辈们可能做出的暗示性省略。现在，我认识到没有什么事情比这样的事更为有趣，但为时已晚。假设在10年前，即1963年，有人邀请我在10年后的今天参加"杰弗逊讲坛"，那么我肯定会预先做好功课。实际上，我必须选择对我来说最容易理解的资料。今天，我将集中精力关注杰弗逊的两部文字作品：第一部是他亲自撰写的唯一的一本书，即《弗吉尼亚州纪事》（*Notes on the State of Virginia*），各位将看出，这是一部心理历史学著述的典范，其中的纪事不仅解释了他的州（his state）[①]的

[①] 杰弗逊于1779年当选弗吉尼亚州州长。文中"他的州"（his state）指弗吉尼亚。

第一讲　创始者及其原则：杰弗逊的行动与信念　/　013

状况，也反映了他自己作为对该州世事变迁的一位观察者的状况。接下来，我将重温第二本书：杰弗逊版本的《新约全书》——《美国总统托马斯·杰弗逊福音》①。

杰弗逊写作《弗吉尼亚州纪事》时38岁，这本书实际上是他作为最为杰出的一位殖民地居民，对那时的一个大州——他称之为"我的国家"的弗吉尼亚州——从统计学和地理学角度所做的一个调查报告。但他是从蒙蒂塞洛向外瞭望的，这幢住宅凌驾于那个区域其他所有种植园的房子之上，可以远眺布卢里奇山脉（Blue Ridge Mountains）。这幢住宅是杰弗逊从他父亲那里继承下来的，同时继承的还有森林、田地，以及奴隶和"其他动产"。或许他父亲就已经称其为蒙蒂塞洛了。但恕我冒昧，将蒙蒂塞洛（Monticello）②翻译成"小山"，我一直感到别扭，它既不能准确描绘这个地方的地形地貌，也不能反映其不断增加的重要性。"monte"实际上是"山"的意思，可以指重要性超过其高度的高地——宛如在"登山宝训"③和雅典卫

---

① 杰弗逊晚年归隐蒙蒂塞洛，潜心研究《新约全书》。
② "Monticello"一词在意大利语和西班牙语中，均指"山丘"。
③ 指《新约·马太福音》中关于耶稣发表的有关伦理方面的圣训和宗教教义。

城（Acropolis）①中所隐含的那样——我希望二者都与蒙蒂塞洛的含义有关联。

对一位临时访客来说，他一眼就能看出蒙蒂塞洛是一幢颇有贵族气质的气派种植园大宅，完全因其主人的设计和财富，才拔地而起，凌驾于其他大户人家的宅院之上。用杰弗逊的话说，这些大户人家"将他们自己置身于主河道潮汐水位之下"，并且"过着豪华且奢侈的生活"。而事实是，他的这幢住宅成了一种独一无二的建筑形式②。他也不太看重贵族的继承顺序：他邻居的那些天赋一般的后代被他称作"混血儿"。然而，即使在这些人之下，他还把一些人称作"伪装者"——那些企图像贵族一样行事，并试图"将自己与平民阶层区分开"的人。他相信，一个"天生的贵族"出自"殷实富足、独立自主的自耕农"，他们的信心基于工作能力和信仰。无论如何，由他设计修建并几次扩建的蒙蒂塞洛原本就是要高于他所在的上层社会以及那些人的住宅

---

① "Acropolis"是希腊语，指建于山顶的城堡，通常特指古希腊卫城，如雅典卫城等。
② 该邸府由杰弗逊自己设计，1768年开始兴建，1809年最终完成。该建筑是美国早期古典文艺复兴风格的代表之一。1987年，联合国教科文组织将其列为世界遗产。

的。假如杰弗逊后来提到过的弗吉尼亚大学（University of Virginia）（根据杰弗逊的设计，在蒙蒂塞洛能够眺望该校主楼）——将成为"北半球人类未来的精神堡垒"，那么便不难理解，在此之前，蒙蒂塞洛早就已呈现出圆顶圣殿的风格。在这个圣殿中，古典风格和欧洲学识将焕发活力，并与美国本土的自然状态融为一体，从经教化但本性未泯的人性中建造出最好的建筑。如果这种人性就是蒙蒂塞洛所要表达的，就是美国人现在以怀旧之情所审视的，那么，美国人知道（或感觉到），正如他的朋友威廉·沃特[1]所言，在杰弗逊自己生活的年代，所谓的"装饰时代"（the age of ornament）[2]即将结束，"实用时代"即将到来。然而，同时承认天生贵族（从杰弗逊父系传给杰弗逊）的身份因素的支配地位也非常重要。即便他父亲与伦道夫（Randolph）[3]家族结亲并继承其财富的事实，给杰弗逊造成了严重的心理

---

[1] 美国建国初期著名作家、政治家，曾任美国司法部部长。
[2] 在美国建国前后，美国的建筑风格深受欧洲传统建筑风格的影响，十分注重装饰并使用大量石材，杰弗逊设计的弗吉尼亚大学校园的主楼就是一例，其穹顶、正面六根高大的石柱、宽阔的石阶，给人高深、威严、肃穆、坚固之感。
[3] 美国建国前后，弗吉尼亚州在伦道夫（Randolph）姓氏下的显赫家族有两个。杰弗逊的母亲简·伦道夫来自其中一个家族。

冲击，但他似乎仍然从自他父亲那里继承的并通过工作和学习以及强烈的独立自主精神进行自我提高的坚定信念中获得了明确的指引，这种独立精神可以从威尔士人（Welsh）[1]身上那股倔强劲头中找到渊源。

杰弗逊还从他父亲（土地测量员和勘探员）的身上继承了男子汉的气概和高大修长的身材连同异常敏感的特征——事实上，这是一种特有的激情，包括勘察近在眼前的细节到远在天边的地平线边界。我将毫不犹豫地提名他身份中的另一个重要元素：测量员。后来在"路易斯安那购地"（Louisiana Purchase）[2]以及富有灵感的刘易斯和克拉克远征（Lewis and Clark Expedition）[3]中，这些特性从国家层面上体现出了重要意义。

至于在杰弗逊的身份（意识）形成过程中所发生的各

---

[1] 威尔士人的独立意识由来已久。公元1世纪罗马统治时期，威尔士的凯尔特人即抗击入侵的盎格鲁-撒克逊人，1277年英格兰国王爱德华一世征服威尔士后，威尔士人的反抗此起彼伏。亨利八世在位期间正式将威尔士合并，进一步激发起威尔士人的民族情绪。
[2] 1803年杰弗逊任总统期间，以1500万美元从法国手中购得路易斯安那，这使当时美国的国土面积扩大了一倍。
[3] 指根据杰弗逊总统的指示，刘易斯和克拉克1804年横跨大陆的考察活动。

种相互矛盾的形象之间的混战,我们不妨看一下,在写给孙子的信中,身为美国总统的他是如何谈论自己对角色的选择的:"我曾经很多次反问自己,在激动地猎杀了一只狐狸之后,在最中意的骏马胜利之时,在酒吧与他人滔滔不绝地争论问题之间,以及在国会与人辩论之后,在这诸多的身份与名誉中,我最倾心于哪一个?"接着,他信心满满地告诉他的通信人:"这种小小的反思以及自我追问的习惯并不是琐屑且无用的,它可以让我们谨慎选择并持之以恒地追求正确的东西。"然而,正如各位所见,即使在他最内省的心境下,他心目中所设想的选择都是某种卓越的极致。即便他后来在许多方面都非常出色,他也从来都不是一位雄辩的演说家,这一点非常有趣,因为他在写作时有着非一般的雄辩力。但是,当一个人到了年纪大的时候,想到自己从未成为不是他命中注定的那个人时,是再惬意不过的事了。

在1781年(38岁)写作《弗吉尼亚州纪事》之前,杰弗逊已撰写了两部不朽的立场文件,即美国《独立宣言》和《弗吉尼亚宗教自由法案》(Statute of Virginia for Religious Freedom)的草稿,后来他挑选出若干段落,让人镌刻在他的墓碑上,作为"我曾经活过的证明"。在写作《弗吉尼亚州纪事》时,他滑落至其职业生涯的最低点。作为一位战时被入侵州的州长[①],他在实施一些紧急措施时表现拙劣而遭到弹劾。他实际上是蒙蒂塞洛的一名逃亡者,而蒙蒂塞洛本身也曾被英国人短暂占领过。但给人的感觉是,每当杰弗逊遇到麻烦之时,恰恰是他作为一名作家状态最好、个性最张扬之日。那位向他要事实性报告的法国外交官,却意外收到了一份异常流畅、具有说服力的文件——如果运气好不是始于蒙蒂塞洛的话,那一定是呈现了一个从那里看到的世界。

《弗吉尼亚州纪事》的绝大部分是对地理特征、生产能力的调查和人口统计:弗吉尼亚州当时有30万自由民,我们必须记住,这几乎相当于该州奴隶的人数。该书还涉及风俗和那些被他称作"礼仪"的东西,我们今天称之为道德或文化。它们当中的绝大部分都很实用,更令人印象深刻的是其中的情感主题,以及与情感主题密不可分、将事实叙述远远抛在脑后的主要身份元素。

首先,书中有我会视为爱好者——从更广泛的意义上说,情人(此处的情人是指自然景观的情人)——的因素

[①] 杰弗逊1779年当选弗吉尼亚州州长。1780年,英国军队入侵该州。

（杰弗逊会说："我感知，故我在。"）。举个例子，芸芸众生中，当下面这个句子呈现在眼前时，一个法国人如何看待这样的感官愉悦："在一年当中气温适宜和温暖的月份里走出家门，走进空旷的原野之中，我们时常看到云烟氤氲，热气团瞬间与我们擦身而过，我们甚至来不及用最灵敏的温度计测量它们的温度。仅从我个人的感受来看，它们达到了人体正常的温度，有些甚至还略超一点儿——但从何处测量？它们来自何处？温度如何产生？——它们在日落前后最容易出现，而整个白天却难觅踪影，我从来不曾记得在清晨与它们邂逅。""与它们邂逅"这一说法真的像是在描写一次私密的约会，而作为博物学家，他仍然保持着观察、提问的距离。

其次，书中描述了著名的自然奇观——天然桥（the Natural Bridge）[①]——以及他的观感。他承认，天然桥"非当下人之智力所能理解"，但"作为大自然精妙的作品之最"，该桥"绝不会被上天有意疏漏。它坐落于一座山丘的上坡处，颇像是天崩地裂的鬼斧神工之作……尽管这座桥两

[①] 位于弗吉尼亚州洛克布里奇县（Rockbridge County），被列为美国国家历史性自然地标，还被誉为"世界新七大自然奇观之一。"

边的一些部位有固定的石栏杆，但很少有人敢走到跟前，向深渊探望。人们会不由自主地趴下，爬到栏杆边上，透过栏杆胆战心惊地向下一瞥"。接下来的描述肯定要比这个法国人所预料的要详细得多："从高处向下看上大约一分钟，我的头疼得几乎炸裂——如果从上往下看是痛苦不堪、难以忍受的话，那么从下往上看则是赏心悦目的，愉悦的感受也到了极致。从极致产生的情感不可能超越它此时此地的状态而被人感受到。"

杰弗逊后来注意到了他记忆中的一些混乱，但他要说的一点是，在调查弗吉尼亚州的状况时，他一边做调查，一边记录了他自己的状况——这是心理历史学的最基本要求。为将来参考起见，如果各位愿意，请记住高度与骤降、极致情感与剧烈头痛的并列。

假如杰弗逊在此处毫无顾忌地透露了他的病情征兆（后来转化为严重的偏头痛）是为了标明他的身心忍耐极限，那么他向自己和我们所展现的则是他最难以解答、另一个身份元素得以表现的社会心理冲突。这位思想家此时与其一生所持有的身份——奴隶主——不符，他声称："法律不允许释放奴隶，如果这样对奴隶有好处；不允许用奴隶交换其他财产,如果要将他们交由那些我们不能控制的地方使用。"接着,他写道:"毫无疑问,我们人民的风俗受到了某种负面因素的影响,这是由我们中间存在的奴隶制所引发的……我们的孩子们看到了,并加以模仿,因为人类是模仿性动物……从摇篮到坟墓,人一直都学着做他所看见的人的所作所为。假如一位家长在其博爱和自爱中都找不到克制他对奴隶过分放纵的动机,那么孩子在他身边应该总是一个充分的动机。但通常这并不充分。父母发威,孩子在一旁观看,捕捉到暴怒的场景,然后在小奴隶中如法炮制,火冒三丈地发飙,如此养育,日复一日地练习暴政,到头来必然被这可憎的怪癖毁灭。"

哎,只可惜在这部《弗吉尼亚州纪事》中,我们还碰到了一则关于白人至上的激情荡漾的宣言。假如这则声明没有指出"羞愧是美丽的"这非常重要的一点的话,我愿称之为厚颜无耻。杰弗逊把红色和白色的精妙混合,以及白人脸上"布满的颜色"与罩在黑人脸上的一成不变的黑色面纱做了比较,他赞不绝口地指出了白人总体上的"优雅匀称",还有脸上飘逸的秀发。然后,他引用了当时广为流传的一种说法,即黑人自己也喜欢白人。此处,他一定指的是白种女人，因为他继而将这种倾向与对"猩猩"（普遍认为是森林中的野人种群，指黑皮肤的女野人）的偏好进行了比较。接下来，他罗列了一份黑人各种劣势的长长清单，其中最大劣势是其头脑中的智力缺陷——一个黑人几乎不可能理解欧几里得几何学试验——而他又不得不承认黑人心脏功能的强大。可是，虽然"他们狂热追求同类女性，但在他们看来，爱情似乎并不是一个多愁善感与轰轰烈烈之间的温柔体贴、甜美微妙的合体"。

即使这些粗略的摘录也将说明，杰弗逊以上论述中明显的杂乱无章，使得我这个当代道德家可以宣称（特别是使用独立的引文），他在这里所展现的是他深藏不露的个人特质。然而，他论述中的全部语气使他自己的不满真实可信，他抗议道，他讲的话只是"在非常不自信的情况下随口说说"，就像他的疑惑根本就不存在一样。

总而言之，我冒昧地认为，这个弗吉尼亚人应该为面对"诱人的复杂性"以及面对一个人类"古老的"问题而受到褒扬。因为，这个问题——上帝是否以及为什么创造所有人一律平等，但紧接着又让气候和地理歧视其中一些人——也是一个神学、科学和意识形态的问题。本杰明·拉什[①]博士是杰弗逊的医师朋友,他巧妙地解决了这个问题。在杰弗逊的支持者当中,我们将视其为最接近我们职业的鼻祖而不断加以引用,事实上,他是美国精神病学的奠基人。他确定,所有黑人都是非洲某人类种群的后裔,该种群曾遭遇一场麻风病大流行的蹂躏,因此只能从疾病上与全人类共同的起源——自然是伊甸园(Garden of Eden)中的一对白人——进行区分。黑色需要医疗介入和治疗,并由此需要"我们的双份博爱"。假如杰弗逊同时告诫不要有不同肤色人种之间的通婚,并且尝试性地提倡殖民,那么这个词应该被记住,它不久后就变成了美国各州的官方用语——殖民地,并意味着向前奴隶保证"自由独立公民"的地位。

关于这些如何与杰弗逊的身份的其他方面(如设计师)衔接得天衣无缝的问题,我晚些时候再回答。这里,我们必须考虑到意识形态的责难、科学的嘲笑,以及(最近)根据上述最后一句被引用的话语而做出的精神疾病的诊断。杰弗逊的书出版后,他到底还是认可了被他称为一段著名祷告词中的

[①] 本杰明·拉什(Benjamin Rush, 1746~1813),美国医师,《独立宣言》签署人之一。

话语:"天啊,我的敌人要写一本书!"——今天,这句祷告词已被轻易地授予人文学科工作者,甚至精神病学工作者。有谁(杰弗逊恰当地暗示)能够就这些问题写一本书而自己却不陷入相互冲突的情感之中?假如他坦诚率真,即使他可以想方设法在意识形态上永远发出纯净的声音,也很难不陷入令人憎恨的信仰之中。事实是,即使在今天,无论是在美国国内还是(令人怀疑)在国外的重大革命性变革中,人类分为不同人种的问题,也根本没有通过严谨可靠的意识形态方式得以解决。因此,世界似乎需要只在我们这个时代才有的心理学方面的洞察力——使"人类的古老问题"在一个不断变化的科学和意识形态潮流中,接受每一位观察者自我感知的检验。

第二章 新世界①，新物种

这里，请允许我（再次）提出我的一个概念，即伪物种②。我认为它对我们理解人类在沿袭古老偏见与寻求新的身份之间盘根错节的关系至关重要。伪物种与这样一个事实有关：在历史的长河中，不同的人类种群总是愿意相信这样一种群体性幻觉，即上帝赋予了他们优于其他物种的特质。

尽管身份认同问题是"杰弗逊讲坛"的主题，但迄今为止，我并没有谈及关于这一令人困惑的话题的某种内涵。那好，现在我要说，对身份的感知意味着，在你的成长与发展过程中，你能始终感觉到自我的存在；同时，你对你生活的

---

① 新世界（New World），是自16世纪起对美洲大陆及相邻岛屿的称呼。当时美洲被欧洲人视为与欧、亚、非等"旧世界"相对的新大洲。在本书中，"新世界"主要指北美洲，特别是美国。
② 伪物种指的是内团体成员错误地将外团体成员视为不同的物种。

社群（community）①的历史或传说以及未来始终有一种亲近感。在谈及这块大陆上美国的开国先驱们所树立的新身份时，我们所指的也将是这种内涵。当然，他们并没有使用这个词②，但用这个词来代替"新人类"将更加符合历史。如果使用"新人类"，你所强调的究竟是什么？是他们的新颖性，还是他们预示着新的人种？况且在今天，我们有足够的理由来避免笼统地使用"人"（man）③一词。因为它似乎是将女性排除在外的，抑或，即便是囊括了女性，也仅仅是不经意而为之。

然而，上述这些问题仅仅强调了关于身份复杂性中所隐含的一些问题。人们一般认为，精神分析学家所谈的话题都是有隐含之意的，而且至少你们中的有些人会认为，身份问题也应该是精神分析学家所谈论的话题。既然如此，那么我们还是安守本分吧。更何况，这一概念包含某些复杂的，甚至是危险而且无法回避的主题。现在让我们回到伪物种问题，它的含义是，不同的部落、民族、宗教派别、社会层级

---

① 在英美社会中，"community"通常指社区，亦可泛指社群，后者范围更广。
② 指"新身份"。——编者注
③ 在英语中，"man"既可指"男人"或"人类"，亦可泛指人。

（偶尔还会有政党）都会认为自己是上帝的选民[①]，而不承认基于同一物种的人类的共同身份。特别是当危机来临时，他们会囿于这样的信念而丧失认知、理性与道德。

但是，当我在达尔文主义[②]的大本营，即英国皇家学会[③]提出"伪物种"这一概念时，我并没有意识到在达尔文时代之前，也就是杰弗逊时代，这种思潮是何等普及、何等突出的，以及事实上是何等自觉的。

伟大的博物学家卡尔·林奈[④]曾把"人"属分为两类：昼行性人（*Homo diurnus*）和夜行性人（*Homo nocturnus*），前者仅包括人类，而猩猩是后者中的重要成员之一。因此，当杰弗逊谈到黑"人"女性生而为奴时，他指的正是人类。如果进一步细分，前者还可划为欧洲人、亚

[①] 此处的英文原文是"to be the one chosen species"，指上帝的选民。
[②] 达尔文主义（Darwinism），即进化论，主要指高等生物受自然选择的影响，均从低等生物进化而来。查尔斯·罗伯特·达尔文（Charles Robert Darwin，1809~1882）是英国著名博物学家、进化论创始人，著有《物种起源》等。
[③] 英国皇家学会成立于1660年，是英国最重要的科学学会，亦是世界历史最悠久的科学学会。
[④] 卡尔·林奈（Carolus Linnaeus，1707~1778），瑞典植物学家、探险家，创立了生物属、种分类法和生物命名系统，为双名法的创造者。

洲人、非洲人、美洲人等类别。由于一些外来的欧洲人在原住美洲人的领地上定居,并同时"引进"了非洲人,使美洲人的成分极为复杂。在杰弗逊时代,曾经发生过一场所谓的"科学"大论战,焦点是究竟哪一分支的人身材最高、智力最强,此外,还有谁的性欲最强、生殖器最大等。

在这场大论战中,原住民以及殖民地的美洲人处在严重不利的地位,特别是伟大的法国博物学家布丰伯爵[①]声称,在美洲大陆上的所有生物个头儿都在变小、数量也在减少、激情也逐渐丧失。"大自然通过剥夺其性爱的能力来款待它们,"他坚持认为,"应将它们贬至动物界的最低位置。"杰弗逊则以那些原产于美洲,花费极高才得以收集并运到法国的猛犸象化石作为论据进行反驳。杰弗逊认为:难道这不是曾经存在过的最大的动物吗?加上其他的一些证据,他宣称,布丰的结论不过是"受耸人听闻的动机驱使的产物"。这恰是我们要问的问题:是什么样的热情使得本应冷静的观察者意欲耸人听闻?曾有一位名为雷纳尔的僧侣,与布丰伯

[①] 布丰伯爵(Count de Buffon,1707~1788),曾研读医学、植物学和数学,并任法国皇家植物园管理人,曾出版36卷《自然史》,1773年封爵。

爵相比，他更进一步，将这一理论应用于新到美洲大陆的移民，警告这些移民他们将不可避免地发生退化，并善意地建议他们学会"在平庸之中找到幸福""永远别指望变得聪明，永远不要对此失望"。要知道，这些话都是对一个新生的国家说的，而这个国家的人当时正在光明正大、全身心并以空前的独立精神，义无反顾地追求着幸福。拉什医生毫不犹豫地将这种追求向前推进了一步，加入了精神元素。他认为自由会持续不断地影响着人们的身心状态，使之达到前所未有的完美境地。他向这个法国人发起挑战，因为他将英格兰人及美国人与在专制的奥斯曼帝国生活的土耳其人做对比。然而，这样的社会学理论与那种假定"是先天差异，而不是后天差别"使部分人更热爱自由的理论是相矛盾的。杰弗逊认为，保守也是天生的。他宣称，即使在美国，总体说来，那些缺乏活力、软弱、胆怯的人为人谨慎，是天然的保守党成员；而那些富有、强壮、勇敢的人则为人热情，是天然的辉格党（Whig）①成员。然而，拉什坚持认为，在新的自由气氛之下，许多保守党父母的孩子也会成为辉格党人。

---

① 辉格党是1834~1854年期间活跃于美国的一个大政党，后并入共和党。

所以——他令人不解地补充道,犹太人也是如此。

本杰明·富兰克林①确信他能解决这个问题。当他与杰弗逊同在巴黎时,他在著名的布洛涅森林边的帕西②举行了一个聚会,客人中一半是美国人,他们被安排在桌子的一侧,另一半则是法国人,其中就有僧侣雷纳尔。当富兰克林致祝酒词时,他要求所有人站起来,说了句"我们可以看出大自然究竟使哪一边退化了"。当然,凑巧的是,他的美国客人都是颀长身材,另一边的客人却明显身材矮小。而这位僧侣本人,杰弗逊回忆道,"简直是个小不点儿(mere shrimp)"。显然,即使不同的亚种能和睦相处,我们仍然对"小不点儿"另眼相看,尽管所谓"小不点儿"也并非那么"小不点儿"。至于主人富兰克林,在美国人那一侧中,他可能算得上是较小的一个。

达尔文阐明了包括人类在内的物种的起源,使盲目的爱国主义者推崇的自然主义中的伪物种思潮只能作为一种潜意识存在。后面我们将再回来讨论,为什么人类需要在心理上

---

① 本杰明·富兰克林(Benjamin Franklin, 1706~1790),美国著名外交家,曾任美国驻法公使,参与起草《独立宣言》。
② 帕西是巴黎近郊的一个地区,位于塞纳河右岸布洛涅森林边。

维持某种中心意识，也就是种族中心或个体中心意识，认为人类自身是原创生物（达尔文对此慎之又慎），处于宇宙的中心（哥白尼有力地否定了这一点），是上帝的选民，是唯一具有意识和目的的物种。今天，因为我们已经知道了我们从何而来，我们对此不屑一顾。但事实上，在达尔文之后，为了证明某一伪物种比其他物种更优越，也有权使用最先进的武器消灭其他物种，我们经历了大屠杀时代。没有任何一个具有使用超级武器能力的国家，在面临失去身份、地位上的优越性时，能够抵御那种消灭（使用随机性屠杀或计划好的轰炸）那些被认为可以被消灭的种族的诱惑。对此，我们虽然了然于心，但是拒绝承认。合理的解释是，我们已经变成了对自身具有致命危险性的物种，我们内心深处具有伪物种意识。如果这种意识被粉碎，我们身处宇宙中心的感觉也将不复存在。

在这些问题上，不管对任何事物，在我们内心中最好与最坏的部分总是如影相随的。人类在寻求一种更具普遍性的新身份，但也不能否认历史。如果我们从杰弗逊的著述中找到他的一些看法，一些他自认为是实际且明智的观点——今天我们却认为是被合理化的种族偏见，那么意识到我们与他具有共同的进化发展基础,具有相同的堕落倾向,这要比简单地认为我们比前辈英雄们更加卓越重要得多,尽管这会令我们很痛苦。伪物种的形成模糊了现实与幻想的界限,带来了人与人之间的对立,甚至生死相争。它也造就了普适性的文明,建立起沟通的网络,形成了更广泛的人类意识。

基于上述这些讨论,现在我们来分析一下美国国家身份的新意。它是脱胎于旧世界母体的(the parental Old World)[①]。直到今天,美国人仍然对它保有信心,即使他们非常清楚这样一个事实:具有革命精神的新人类(如在杰弗逊时代的旧体制下想打败"伪贵族"的"真正贵族"),最终将用一系列在前辈们看来稀奇古怪的改变把自己搞得面目全非。然而,这样的革命仍在继续,比之前任何身份都更新潮、更宽泛的身份仍在不断产生。美国每年都在纪念这场革命的发端,这无疑也在为这样的革新推波助澜。在世界的其他大部分地区,人们在攻击美国的粗野,对其自负一笑置之,对其过度使用武力深恶痛绝,却仍有人将美国看成一个样板,一个历史奇迹,而不管其在历史上有多少

---

① 这是美国人对欧洲的传统文化、历史等的习惯表述。

污点。

我们再来对新身份进行一番剖析，并将其与普遍的心理需求相联系。基于我的系列讲座的有关内容，我要强调，它在某种程度上植根于杰弗逊的理念之中。至于在美国这个国家建成后，这些理念是如何很快被南北分裂、重农与重商、保守与民粹等话题所掩盖的，以及那些被列入约翰·亚当斯[①]所谓的"杰出人物长名单"的、个个都具备鲜明个性和气质的人物又是如何涌现的等问题，我就不准备讨论了。

目前，树立一种新身份被当作一种时髦。我认为，要避免一种新身份显得浮夸与随意，任何实在的身份都是被锁定在现实的三个方面之中的。其一是实在性，也就是说，它具备一系列普遍的事实、数据、方法，可以以现时的观察手段与技术方法加以验证。其二是鼓动性，即可以将历史事实、数据、方法结合在一起，形成一种对现实的感知、梦想，可以为参与者赋能，完成大多数实在的任务。其三是创新性，即必须具有新的事实，能够将人与人联系在一起，激发彼此活力，为共同目标的实现而努力。或许，你可以毫不犹豫地

---

① 美国首任副总统、第二任总统。

加入第四个方面,那就是运气或天时地利,现实主义的美国人将其称为机会。然而,即使有了机会,也只有当三者——实在性、鼓动性和创新性——(在本书的后面,我还要对这三个方面进行详述)相结合,才能构成杰弗逊所推崇的那种不言而喻的真相。

毫无疑问,最根本和最新的事实是,辽阔无垠的疆域、充满野性的处女地、梦寐以求的丰富资源有待于农业化的开发与实验。杰弗逊说道:"在欧洲,劳动力是丰富的,那里的目标是最大程度上发挥土地的用途。而在这里,土地是丰富的,这里的目标是发挥劳动力的最大用途。"但是,如果一种新身份的建立也需要一份对现实的新感知,那么,这就不仅需要我们有一个自由的共同未来,而且需要我们从过去的义务的羁绊中解放出来,消除对当下的束缚。革命的领导人必须告知人们,他们有权放弃他们作为子民(从这种意义上来说是前子民)对母国和对故土的忠诚。大家知道,当年这样的言辞曾被激情澎湃地一遍又一遍地宣扬。移民们来到这片土地上以"实现每一种可能",而这又需要与上帝建立一种新型的关系。拉什描述富兰克林说:"他的思想像一面镜子,长时间以来反映出神的缩影。"对于戴维·里滕豪斯[1]所建立的宇宙模型[2],杰弗逊说:"事实上,他并非创造了世界,但通过模拟,他比自创世起到现在任何一个人都更接近造物主。"诚然,直至今日,这种讲话的口吻仍经久不衰,美国总统可以通过穿越太空的电波告诉美国第一批登月者,他们正从事着创世以来最伟大的壮举……

那么,创世者本人又如何?他被称为创世者或造物主,杰弗逊又将其称为保护者和规则守护者。事实上,上帝被美国人按自己的想象重塑了。杰弗逊信誓旦旦地向他的朋友们说,上帝绝顶聪明,在一周内创造了世界,"既然存在着上帝之手,那么它就可以随时出现"(我相信你再也找不到比这更武断蛮横的说法了)。我们不得不发问:谁来呼唤上帝之手?这里,上帝的创世之举是被创世者以其自己对历史的想象而感知的。我们的世界并不是独一无二的。正如托马斯·潘恩[3]所指出的那样,"认为世界是独一无二的,在浩

---

[1] 戴维·里滕豪斯(David Rittenhouse,1732~1796),美国天文学家、数学家,联邦造币厂的首任厂长。
[2] 里滕豪斯分别在普林斯顿大学和宾夕法尼亚大学内各建了一座宇宙模型。
[3] 托马斯·潘恩(Thomas Paine,1737~1809),美国著名政治哲学家,1776年出版《常识》(*Common Sense*),提出争取独立的思想。

渺的太空中游弋，这是一种奇怪的想法。它会使人们乐于接受这样一种观点：世界是一个精妙设计的社会，即使它在运动中，也会给我们以照料、指令"。谈到创世者，我总是被美语习惯中关于"make"的许多用法所迷惑。当我仅掌握了基础英语的800个单词，定居美国并开始工作，首次听到"You have got it made"时，我就为基础美语中这个词的好运而好奇。杰弗逊确实说过，他希望美国语言"在形式上以及实质上与它所脱胎的形式有所区别"。无论如何，我希望你也来想一想"make"一词的许多形式，如"to be on the make"①"making it"②或"to make out together"③等。很不幸的是，所有这样的基本词汇都有双重含义，按潘恩的说法，是"恰如其分地被设计成如此"。再有，"fabricator"一词也具有内在的模糊性，这种模糊性突出地表现在新人类的理想中。他们不断地将理想融入现实，产生新的理想，使自己成为更新的新人类。然而，所幸前辈们确保了新的现实

---

① "to be on the make"是英语的一种非正式的表述，通常含贬义，意思是"设法为自己谋求利益"。
② "making it" 指准时到达，赶上等。
③ "to make out together"的意思是共同成功、取得进展等，在美国较常用。

世界与新的理想世界启迪产生新的存在，在这种存在中，所有（有资格的）公民均参与到他的社群的生活中，而社群又会参与到联邦的各层级的体系中。

你可能已经注意到，我已经勾画出了一幅时空图像。现在，我必须使其更加清晰。《圣经》中说，从前，上帝曾指引以色列人穿越一片新水域抵达了希望的土地，这给予了他们新的身份，证明他们是无罪的，使他们摆脱了厄运，成为上帝的选民。未来，机会正等待着新的被解放的人们。肯定会有来自上天的认可，对那些在选民眼中以国父形象出现的人产生影响。但是，不幸的是，为了确立新身份，必须有一些下层民众，他们被限制在自己的位置上，没有自由，甚至任人宰割。因为为了作为一个新的自我而舒心惬意地过日子，总是需要另一些人处于社会阶梯的底层，这是一种不好的身份，每一个人、每一个社会阶层都唯恐避之不及。在一个"做好你自己"的身份社会中，这"另一些人"被描绘成无力做自己者（这似乎也是上帝决定的）。这真的是做你自己吗？奴隶的命运是注定成全他人的，病人与疯子都无力做自己，还总是有一些卑鄙的人，他们可以做好自己却不愿意这样做。

不过，如果这个世界真的让自以为是的男人占据了中心位置，那么妇女的位置何在？哎！她们可以陪伴于男人的身旁。要从职能方面确定她们何时是超越他们的（譬如，作为母性道德典范以及礼仪的守护者），何时又是从属于他们的（如在居家环境以及性行为中），以及何时被排除在国家或教会之外，则需要经历一个无情且不甚体面的历史过程。

然而，现在请允许我将这个现象学而且是过度简化的对于新身份的讨论暂且搁置。在第二场讲座中，我将通过"为什么每个人都不得不生活在这样的幻觉中"这一主题，将讨论引向深层。我还有另一本书未与你们进行简要讨论。

第三章 登高望远

在《弗吉尼亚州纪事》中，蒙蒂塞洛世界观（本书第一部分第一章也使用了这个标题）是在杰弗逊职业生涯最低潮时形成的。其时，整个美国、弗吉尼亚州以及杰弗逊本人的政治命运都处在危急关头。我已经指出了书中透露出的有关作者身份的几个方面，在结论部分我们将对此加以总结。但是眼前，我们要讨论的是另一些非同寻常的内容，即耶稣的活动和他的箴言。这是杰弗逊在他的后半生，事实上也是他作为政治家的巅峰时刻所剪辑而成的。借用一下"登山宝训"这一名称，我将本章称为"登高望远"。

1801年，尽管不无媒体的诽谤，杰弗逊还是以压倒性优势当选总统。诽谤在美国的选举中司空见惯，但它却对一方面小心守护其公众形象，另一方面正准备施展抱负，一度不惜归隐田园的他，造成了深深的伤害。更有甚者，对他的攻击涉及一个人一生中最敏感、最核心的方面：他的个性、私生活、宗教信仰，而杰弗逊从不公开谈论这些。正如他曾经说过的："关于宗教，除非是在一个特定的环境中，否则我不仅从未写过什么，而且极少允许自己讲些什么。"所以，在他第一次参加总统竞选时，他不得不以沉默来应对那些最别有用心的含沙射影，因为对于一个具有天神论政府的国家来说，它们会引起灾难性的后果。的确，在杰弗逊的一生中，他尽量避免以基督徒的面目公开出现，回避教派之争，远离宗教权力博弈。"事实上，我反对基督教教义的滥用，但不反对真正的来自耶稣本人的圣训；我是基督徒，但也仅仅是在耶稣所希望的意义上；我真诚地遵循耶稣的圣训，而不是其他任何人的；将人类的一切优点归功于耶稣；深信他绝不会向我们索取任何东西。"

然而，杰弗逊对基督教及其教义如此明白无误的态度和立场，只能是在他胸怀大爱对《圣经》进行深入研究后形成的[①]，在这点上，那种爱受到当时那种人人都接受的（美

[①] 作者强调这点是因为当时人们普遍对杰弗逊对基督教是否虔诚表示怀疑。

利坚）是上帝的选择（privileged selectivity）①的理念的引领，这决定并塑造了他所谓的为人类正义而奋斗毕生的理想。让我们想象一下这样一幅画面：19世纪伊始，每天晚间，美国总统潜心捧读《新约全书》，逐字逐行地对照拉丁文、希腊文、法文、英文的不同版本②，反复诘问自己："这是否真的是耶稣对我们的期望？"，他将这些"正宗"内容剪下来，粘贴在一个小册子上，并称其为"'拿撒勒③的耶稣的人生宝典'，辑录自耶稣的布道与生活，由马太、马克、路加讲述；为印第安人所编的《新约全书》缩略本，道理浅显，通俗易懂"。且不论结局如何，他的这段文字确实反映了作者的意图：提供一种本土化的"美国福音书"。

历史学家告诉我们，杰弗逊编写的这部《拿撒勒的耶稣的人生宝典》约成书于1804～1805年，只有杰弗逊的少数至交见到过，随后便不知去向。19世纪20年代曾出现过另

---

① 在美国政治生活中，特别是杰弗逊出任公职的那个时期，人们均认为美利坚"合众国就是上帝的选国"，并自诩为人类文明的"最佳舞台"。
② 杰弗逊懂拉丁文、希腊文、法文、西班牙文、意大利文和盎格鲁-撒克逊语。
③ 拿撒勒（Nazareth），基督教名城，位于以色列北部。根据《圣经》，耶稣在该地度过一段童年时光。

一个版本，被称为《拿撒勒的耶稣之生活与布道》，该版本1895年被美国国家博物馆收藏时，引起了世人的注意。直到最近，经过重新编辑，才又有了一个新版本。相比此前的版本，它更加人性化也更有启发意义。本讲座中我们要讨论的就是这个版本。

我们之所以讨论这本书，是因为它显示出，作为一位美国总统，杰弗逊意识到，无论在任何历史阶段，无论任何人，其身份所扮演的角色之一，与人的永恒性有关。这一点又让我们轻描淡写地触及了死亡。所有人都会模糊地认识到，我们在这个世界上所留下的身份是在历史上占有一席之地的唯一机会。因此，我们有一种恐惧，害怕到头来，发现我们度过的是错误的一生，或者压根儿就没存在过。在我们的少年时代或耄耋之年，这种感觉最为强烈。在度过了令人满意的一生后，面对突然来临的对死亡的恐惧，这种恐惧将是无与伦比的。因此，人类社会，不管是作为国家一部分的部落，还是正在扩展其疆域和臣民的帝国，都必须强化身份意识，树立某种世界观，承诺在生生死死中赋予注定的死亡以某种意义。然而，具有反讽意味的是，要想分享这样一种缥缈的不朽感觉，必须接受一种生死规则（不管是承诺转世还是升天），承担像英雄那样死去（如果需要）的特权和义务，还要甘愿并热衷于从事或参与杀戮那些持不同世界观，并且为捍卫其世界观而生而死而杀戮的"另一方的人"。这种求不朽的方式，不管是在战斗中还是在比赛中，能够以"杀人以求存"为旗帜。

我们称那些秉承并践行了这种世界观的人为伟人。尽管他们与我们一样注定要死亡，但我们在城市广场或在拉什莫尔山（Mount Rushmore）[①]上给他们立碑、塑造金属雕像，从而使他们不朽。

但是，还存在着另外一种超越了物质世界的方式，这就是主动接受生命的有限性，从而获得解脱。这里，虚无代替了对自我的执念，是"出世"；不追逐名利，放弃自我，认为"四海之内皆兄弟"；将死亡或至少是放弃自我，作为通向更加真实的永恒生命的阶梯；宁愿自我牺牲也不去杀戮。这等男女众生，以这种方式展示了存在的另一个维度，虽不能说是伟大的、不朽的，但确实带有几分不朽，几分神圣。

[①] 位于美国南达科特西南的布莱克山的顶部，在花岗岩上雕刻着美国四位杰出总统的巨型头像，分别是华盛顿、杰弗逊、林肯和罗斯福。

一些伟大的宗教领袖就是这种身份的化身,用他们自己的话说,他们展示了朴实无华的"人"的尊严,超越了一切世俗地位。世界即我,我即世界。这种世界观的口号可以被称为"身故而功成"(die and become)。

历史告诉我们,这两种不朽的身份分别在世俗帝国和宗教帝国中找到了它们的位置。今天,它们彼此之间仍处于俨然对立的状态。当宗教帝国与世俗帝国谋求达成某种政治交易时,它们或试图和解,或相互勾结。它们可能急急忙忙地利用圣战来解救那些正直的人们,诅咒其他人。革新与革命破坏了这种合作(直到形成革命者自己的合作),寻求着各色真理,建立起新的意识形态。这里,我用如此简短的篇幅来描绘如此宏大的体系,主要是为了说明,在人类社会中,对身份追求的两种极端都是存在的,一种是现实时空内的,另一种则是超验的。以《圣经》为依据,将人类职责划分为恺撒的和上帝的,这种做法说明,如果没有世俗社会的存在,就不会有在超验世界中寻求的那个"我"的存在,也不会有对宗教给予支持的社会秩序与物质基础的存在。看来,帝国与宗教是相辅相成的,在历史上形成了一种世界上统一的身份。

第一讲 创始者及其原则：杰弗逊的行动与信念 / 045

在一个国家，如果"杀人以求存"成为主导，"身故而功成"没人理会，那么，宗教人士必然会起来反对政府，甚至会以死抗争，就像我们的某些朋友所做的那样。我一直尽力证明，发生在地球另一端，由甘地[①]提出的，无论是政府还是追求自由解放的人都应该使用非暴力手段的倡议，是我们这个时代最为系统化的尝试，它将信仰与行动在自我意识、人类共有的身份的基础上，融合在一起。甘地说："上帝只有当行动时才出现在你面前。"杰弗逊也会这么说。如果甘地指的是非暴力行动，那么，你也可以在杰弗逊的政策中发现非常强烈的非暴力取向——"和平是我的挚爱"（peace is my passion）。这也昭示了杰弗逊这位美国国父的典型意识：为了在无限的可能中建立一种新的现实，他试图在后革命时代与主流宗教身份之间达成一种平衡。

毫无疑问，在当时，政治上的胜利与对个体性的需求之间，存在着深刻的矛盾，这给杰弗逊学术大家派的秘而不宣的努力赋予了意义，尽管宗教极端人士将其归结为是出于对

[①] 莫罕达斯·卡拉姆昌德·甘地（Mohandas Karamchand Gandhi, 1869~1948），印度民族主义运动和国大党领袖，其提出的"非暴力"思想，帮助国家摆脱了英国统治，实现了民族独立，被誉为印度国父。

经济理想的一种现实主义的妥协,而不是对现实存在的一种承诺。正如我的朋友,一位牧师激进分子,当得知我在研究这一问题时所喊出的:"喔,杰弗逊式的信仰,没有原罪的基督徒!"相反,吹毛求疵者可能会声称,当杰弗逊在激烈的政治争论中执掌权力后,对财政领域中的汉密尔顿[1]主义者进行了驱逐,这是否是耶稣信仰者所为?但是……让我们继续往下看:

杰弗逊在他的两封信中写道:"我写了一本小书,题目为《耶稣的人生宝典》(*Philosophy of Jesus*)。这是耶稣圣训的摘录,我从《新约全书》中将它们剪切出来,在空白纸上按照时间或主题进行重新编排。"并"形成了8开本46页的内容。它们是纯正的,未加修饰的,就像不识字的十二使徒、传道之父以及公元1世纪时的基督徒所信奉与践行的那样。要鉴别哪些是耶稣真正所讲的内容,简直就如同从粪堆里挑出钻石般容易"。在早期版本中,不管出于政治目的还是个人目的,杰弗逊所建立的耶稣形象,是一幅潜在的、非

---

[1] 汉密尔顿(Alexander Hamilton,1755~1804),美国政治家、首任财政部部长,创立了美国第一银行(First Bank of the United States),即美国银行。

常特别的乡村孩子的形象："他的门第模糊、生活清贫；没有受过教育、天赋异禀；品行端正、清白；谦恭、友善、耐心、坚定、无私；极善言辩。"

神学家朋友告诉我，在现代关于《圣经》的研究中，从4种语言中所筛选出来的版本具有越来越重要的地位。它以其特有的方式进入了心理历史学领域，可以窥见每一部福音书都是由谁、在什么特定的地点、在什么特定的时间、写给什么人的。我们要重构作者的生活历史和他的品性特征，拨开因作者的自我表现以及宣传目的而产生的迷雾，然后才能相信耶稣究竟如何以及他究竟说过什么。学者们认为，《马太福音》是"最理智、最沉着、最机敏、最审慎"的，所以，当你知道杰弗逊选取了《马太福音》的至少一半的内容时，就不会感到意外了。其他的内容选取的就比较少了。这本书所选取的最长的一段连贯的内容、也是书中的核心部分，是"登山宝训"中的内容，它确立了其他部分的基调。整本书是一个完整的故事，记录了耶稣的旅行，主要讲述了相关事实，没有出现任何与奇迹有关的内容。但是，书中确有一些寓言故事，这些故事把天国塑造成了地道的农业王国。天国就好像"一位土地主栽种的葡萄园"或"一粒芥菜籽"或"地下埋藏着的宝藏"。很明显,这些都是为了迎合新世界的农业命运,在这里,通过劳动实现农业的卓越发展是当务之急,而要做到这一点,需要有坚定的信念。信念,无比重要。

如果让我来按我的意愿选择,有一则故事是必须选择的,即便杰弗逊不选——还好,杰弗逊选了这则故事:

他来到了迦百农①。在屋里,他问他们:"你们在议论什么?"

他们没有回答。因为他们在议论彼此谁最伟大。

他坐了下来,将十二门徒召集在一起,对他们说:"如果任何人想做第一,那么他必须也甘当最后,他必须为所有人服务。"

他领来了一个孩子,让他站在他们中间,又抱起他来,对他们说:"凡为我名,接待一个这样的孩子就是接待我。凡接待我的,不是接待我,乃是接待那差我来的。"

——《马可福音》9:33~38

---

① 迦百农(Capernaum)是靠近加利利海(the Sea of Galilee)的一座巴勒斯坦古城。

一个孩子，无论男女；一个有感觉的、鲜活的，尚不足以以性别角色以及经济地位来定义的孩子。孩子是天真无邪的，是天国开始的状态，成人世界里也应有这样的天真无邪，其余的都是过眼云烟。不仅是杰弗逊所选择的内容，就连他所删减的内容也是令人关注的。在这个讲座上，我可以说，事实上，被杰弗逊指为"粪堆"的，是福音书作者们试图用来说服读者的内容——耶稣是书中所一贯信奉的世界的产物，也是一位先知。重申也罢，修正也罢，他不过是确认了犹太世界的命运与承诺，尤其是种族乌托邦。很明显，在杰弗逊看来，这些内容只能加深对耶稣无所不在的能力、他的反叛精神以及他的救赎方式的误解，而不是确认。事实上，从福音书的许多段落中可以看出，耶稣并非一个传统的、文质彬彬的、职业型的角色，而他的追随者们却总想将这些强加于他，尽管事实上每当众人打算以个人魅力、家族、地域特征来定义他时，他总是不以为然。归根结底，也只有十字架上的苦难才能够确认他的卓越身份。杰弗逊去除了复活的故事，然而，他却很明显地相信耶稣在人们心中的神奇存在。如果忽略杰弗逊的福音书中所有涉及悔罪的内容，则可以认为，他确实没有宣扬托马斯·潘恩所称，

"诱导人类设想自己为流浪汉，与上帝间有着巨大的距离，失掉了真正的宗教信仰"的那种"神学创意"（theological inventions）。正如我们所看到的，真正的信仰需要神性与真实性的内在结合。

但我要告诉各位，在杰弗逊的辑录中都缺少了些什么——我没有发现任何关于耶稣疗疾的活动，我提出这点并非吹毛求疵。对于他自己的那些成功的传统治疗手段，杰弗逊本来就是将信将疑，这就很好地诠释了他将上述内容删除的原因。他认为，这些内容言过其实了，它们被用来试图通过无可匹敌的奇迹来证明耶稣的正统性。再进一步说，杰弗逊更加相信那些日常生活中的预防手段，而不是治疗手段，包括他的朋友拉什医生的那些匪夷所思的疗法（曾听见他说，当他看见两个医生在谈话时，他却抬头在天空中寻找美洲鹫）。但是，必须指出，有的故事是十分必要的，它使我们能够建立治疗手段发展史，这些手段会随着社会的发展而变化。杰弗逊将这样的故事删除了，这是我所不能苟同的。我认为，最关键的事件出现在《路加福音》[①]和《马可福

---

① 《新约全书》第三部分。

音》中，事件记录了一位妇女，12年来寻医问诊，不仅血流不止，还花光了所有积蓄：

> 她听到耶稣的事，就从后头来，夹在众人中间，摸耶稣的衣裳。
>
> 意思说，我只摸他的衣裳，就必痊愈。
>
> 于是她血漏的源头，立刻干涸了。她便觉得身上的灾病好了。
>
> 耶稣顿时心里觉得有能力从自己身上出去，就在众人中间转过来说："谁摸我的衣裳？"
>
> 门徒对他说："你看众人拥挤你，还问谁摸你吗？"
>
> 耶稣环顾周围，要见做这事的女人。
>
> 那女人知道在自己身上所成的事，就战战兢兢地过来匍匐在耶稣跟前，将实情全告诉了他。
>
> 耶稣对他说："女儿，你的信救了你，平平安安地回去吧。你的灾病痊愈了。"

这个故事所传达的思想，在任何时代都有其现实意义：

生活中，总是有一些东西，或者被失去，或者被获得。耶稣也注意到，无须他用手接触（古老的方式），只是由于她用手触摸，他的部分功力就传给了她。即使他处在拥挤的人群中，也能感觉到这种触摸。完全是由于她的信仰，使得她在他能感知到之前就将他的部分能量吸走了。毫无疑问，正是她对他的信心才使她得以恢复健康。这个故事也是对无处不在的电能的极好说明。早在杰弗逊时代，电在治疗领域就令人痴迷，无论是拉什还是富兰克林，都知晓梅斯梅尔[①]曾试图将其体质化并让其互相传递的努力。即使在我们这个时代，也有西格蒙德·弗洛伊德假定，爱与恨的错位是情绪紊乱的固有特征，而移情是治疗的重要手段。

整体身份认知的转变带来了身体与心理疾病的新的处置方式（很明显，希腊式的罗马帝国以及基督王国的两极化就是这样的一种转换，它最终也影响到了美国新身份的形成），将它们的起因与治疗都更加内在化了（"你的信救了你"），由此，无论是在被治者还是在施治者中都产生了很

[①] 弗朗兹·安东·梅斯梅尔（Franz Anton Mesmer，1734~1815），动物间磁性作用的发现者，其相关理念和实践对詹姆斯·布莱德（James Braid，1795~1860）创立催眠术（Hypnosis）提供了启示。

明显的道德自觉。关于在我们的时代，洞见如何与信仰相结合，从而成为一剂健康良药——即便它正在将神秘现象理论化，我们将在第二讲中再回来讨论。

第四章　总统面面观

　　作为本书第一部分的结论，我希望将在本次演讲中出现的几个心理历史学的主题与我以前想表达的观点联系起来。这个观点就是我的设想，在研究院开会讨论，集思广益，把杰弗逊的生活轶事和人格资料汇总起来，进而得出结论。

　　当然，杰弗逊终将被称为多变的人（protean），或早或晚，那只是个时间问题。但这个词正如它本身的含义那样，令人难以捉摸，它意味着一个多面人，而其词义本身也令人难以把握。它可以并且的确表示多才多艺的正人君子；或是有多种天赋的人，对样样事情都在行；或是能以各种面貌出现的人，但会成为一种真正身份的核心。它同时还表示，这是一个有着多重伪装的人，一个像变色龙一样适应不同环境的人，或是一个真正令人捉摸不透的人。不过，根据历史惯例，我们会发现这类人会与出现在他所生活的时代的新的身份相关联。作为凭着自我奋斗取得成功的个体的一部分，多变的人格表明其有能力独自应对各种困境，这是一种半故意的叛逆方式。事实上，杰弗逊似乎经常会提前使用别人用在他身上的无论怎样解释都是吉利的词语。有一次他谈到对"不要穿任何不带有农民特征的衣服"的初步判断，这句话的含义是他有一种选择，他可以穿工装裤，而这一穿着与某一特定劳动角色密切相关。杰弗逊能以特殊的天资扮演这样的角色，并且不会与别的角色发生尖锐的冲突。所以，当他在白宫穿着一双磨破的拖鞋会见英国首任驻美国大使和大使夫人时，他心里非常清楚，他是有意使场面戏剧化，以此作为几年前他在英国皇官受到的冷淡接待的回应，并显示白官是一个自由农民国家的家园。

在关于杰弗逊的个人身份的主题里，除了他作为贵族的身份外，我还想借这个机会提及一些智力和审美方面的元素，即他作为测量员、教育家和思想家的角色。所有这些元素都可以从专业划分的角度被确定为一种职业身份。这些角色都可由其他多种职业角色来替换，如农民和建筑师、政治家和学者。对奋斗目标充满激情的奉献精神引领他做出这些选择，还需要他具备相当的能力来胜任所有这些角色。这些角色反过来为杰弗逊提供机会，使其将相互冲突的行为模式调和在一起——例如，他作为政治家所秉持的国土扩张意识，他在任内将美国的国土面积（经过适当的测量）扩大了一倍①；他的才能，以及不时闪现的对回归故乡过隐居生活的向往。

虽然杰弗逊宣称，他与歌德没有密切关系（歌德使用的语言对杰弗逊来说的确是少数外语中的一种），但是我在欧洲的教育经历时常让我想起这个与杰弗逊同时代的伟人。歌德也把自己的多才多艺融汇到精心构建的外观上。作为建筑爱好者的杰弗逊非常喜欢建筑的正面和整个外观，如位于法国尼姆②的罗马式教堂（"没有女士……爱上……一座房子……这在我的经历中不是没有先例"）。在传统人文主义环境中接受教育的人，也许会明白某人喜欢建筑外观的含义，包括他自己的房屋的正面和整个外观，他知道这并不是在贬低他。古典的外墙无疑与由文艺复兴时期的其他新

---

① 主要还是指杰弗逊任总统期间，由他主导实施的与法国的印第安那购地案。
② 法国南部城市。

身份精心培育的古希腊和古罗马文化①密切相关。这种新身份将犹太教和基督教共有的忏悔传统融合在一起。但我想更进一步，我认为杰弗逊小心翼翼地将多面性转化为惊人的一致性。凭着对名垂青史的渴望，他用工匠般的精雕细琢，进行着一致性的构建。即使他声称自己喜欢写信，也只是因为信件可以真实地保存"事实和感受的温度以及存在"，在一些人的生活中，信件"是生活之旅的唯一完整和真实的东西"。杰弗逊具有外表和感觉两方面的超级艺术才华，他的外表自然粗率，再配上令人信服的不拘小节，这样的搭配经常令人大吃一惊。然而，实际上这反映的却是真正优雅的精神境界。他把这一切结合在一起，构成了他的个性。有时，事实和感觉并不能与他希望名留青史的愿望吻合，他甚至会放弃一致性，在与母亲和妻子的相处方面，他就采取了这种方式。这种在奔放和含蓄之间转换的感情当然会使一个人的个性存有风险。他的有意所为与我们费尽心力得出的结论如此大相径庭，而这些结论却属于如此不同的一个时代，所以我们无权指责他。然而，我们还是对表面之下所隐藏的东西

---

① 指古希腊、古罗马文化，同时指公元前8世纪到公元5世纪地中海地区的文化融合。

充满好奇，我们想知道这样一个门面让一个男人付出了多少代价，他痛苦地担心失去面子，在受到攻击时进行了某种不正当的自卫，并感到孤独。他总是高昂起自己的头，不过，似乎唯一的代价就是偶尔会头疼，就像那次在天然桥上突发的头疼一样。他最明显的症状是偏头痛，发作时简直什么也干不了，每次发作持续数周。犯病时他倒在地上，躺在那里，好像已经死去，正接受人们悲痛的悼念。

人的某一特性之所以存在并为外人所了解，皆因为其有保持这种特性的意图或需求。我们还要了解谁是他的观众。这些观众既热情体贴，又需要情感支持。在此，我们还记得纪念碑的历史，更不用说肖像了，在杰弗逊时代，它将某种热情的表情与含蓄的姿态、正直和远见结合在一起，而杰弗逊（和华盛顿）的身高和轮廓恰恰将这些特性体现得完美无缺。伟人的这些特性激发大众把他们作为圣人来崇拜，因为人类崇高的偶像，使得我们作为地球上直立行走的物种，能分享令人感到荣耀的正直，而我们需要正直来昂起我们的头颅。但是，某一特性也会带来猜忌和怀疑。譬如，一些人会不那么坚定地认为，英雄似乎也是人（意味着与我们没有什么区别），而在某一非凡的特性中找寻瑕疵无疑会让人感到欢欣，这也只是为了力图探求在这个特性中的真相，这个真相包括我们，即旁观者。然而，这些最终都可以通过某种系统的方式被超越。

一个人如何能想到选择这样一个公共形象，即便他自己对这样的形象也时时感到不自信？我们对这种现象的分析可以从源自历史事实的召唤开始。杰弗逊时代的美国，需要自我扩张以造福于全新的、几乎在发生的瞬间就能成为传统的东西，这正是美国历史必须要创建的。杰弗逊需要发挥他的非凡才华为新政权服务，这是他的责任，而这个责任要用些许庄严崇高来表现（这些做法很明显被富兰克林的幽默抵消掉了）。做到这些还不够，还需要一种特殊的能力把这些才华变成实际的业绩。

在对达·芬奇[①]的研究中，西格蒙德·弗洛伊德承认，在对像他这样的艺术天才进行分析时，其天赋往往被忽略了。事实上，任何优异禀赋也都难逃此厄运：因为天赋并不能够像开清单一样被逐项登记。因此，伟大的卓越性的整个生态，超出了许多临床诊断的推测，即应当考虑一个人的各

[①] 指莱奥纳多·达·芬奇（Leonardo da vinci, 1452~1519），意大利画家、科学家、工程师。

种内在因素。这些判断自然适用于任何领袖人物的那些具有鲜明特色的行为，这意味着他遭受自己无法控制和理解的攻击的折磨，或者，他的密友们还会猜测他自己的确不会保持沉默。而这将会导致冲动性的犯罪行为，它们违背了任何权力体系正常的合谋所能容忍和期望的规矩，临床的结论自然会有助于厘清这些事件。否则，对精神病学术语的滥用或误用，只会把观察者危险地带入重大历史事件的盲区。

例如，必须明确的一点是，如果一个人没有热爱他自己形象中某一特性的强烈欲望，他对外表的爱就不可能存在。从专业的角度讲，这种爱被称为自恋（narcissism）。那喀索斯（Narcissus）①爱上了自己在泉水中的倒影，这使他想起他死去的双胞胎妹妹而不能自拔，最后死在泉水边。这种真实的——可能是恶意的——自恋的危险性在青春期及成年后成为一种趋势，并且被他自己完全（和双性地）接受，而不是在与别人的亲密关系中迷失自己。但是很明显，像杰弗逊这样的领导人，认为自己代表了现实的和极端重要的人

---

① 那喀索斯（Narcissus）是希腊神话中河神克菲索斯和仙女莱里奥普之子。由于他心爱的孪生妹妹（兄妹长得几乎一模一样）的死亡，为了安慰自己，他便在泉水边上凝望自己的面容以回忆她的容貌。

物形象，无论他所隐藏的自恋具有怎样的危险性，他都已用艺术和称职的领导能力回答了世人的疑问。他并没有自我炫耀，甚至他作为《独立宣言》能言善辩的主要起草者，在为自己进行辩护时，都没有利用他高超的演说术。从就职仪式算起的总统任期内，他在各种公共典礼和私人活动中全都放低身段，他的这种低调与华盛顿建立的那些庄严的礼宾礼仪传统相比形成鲜明的反差。

让我用一个描述孩子的词来描述成年人。当我向你们讲述一些杰弗逊的个人禀性时（我们现在已经加进了他对漂亮建筑物的喜爱的内容），你们毫无疑问会感受到他身上深深的怀旧情感。这种情怀似乎伴随了他一生。这是不是源于他神秘的母亲的影响？由于他有时把母亲隐于幕后，我们至今对他母亲的情况知之甚少。退休后，他回归故里——蒙蒂塞洛，"我依偎在退休的怀抱中"。但是我们又怎样开始分析一个成年人自称存在的无意识的倾向？

他在重建蒙蒂塞洛住宅时，超出了所有的设计要求（使任何一位真正的设计师感到高兴的是，他同意把建筑"拉起来，降下去"），为房子安装了一个八边形的穹顶，这成为这项工程的收官之作。这种做法等同于为建筑的外立面增加了明显的母性元素。他在注视法国巴黎荣军院①时，一度被"强烈震撼"了。不过据说蒙蒂塞洛穹顶是因为受到乡村之厅（Hall aux Bleds）②穹顶的启发而特意设计的。在那里，他第一次遇见了一位女士，我们会马上介绍她。我们所说的所有怀旧的倾向，就是他通过自身努力而塑造的男性气概，使他能够设计心目中的母性圣坛，从而使"我能够依偎在退休的怀抱中"。而这种怀旧情绪会时时危及他的从容镇定。在退休后，他在暮年创办、设计了弗吉尼亚大学③并关心它的发展，还为后辈们建设了一座圆形穹顶式建筑，作为母校的象征，拥抱"在这个半球体中蕴藏的人类思想"。我们不要忘记把杰弗逊拥有的设计师的角色添加到他的身份元素里。

所有这些都发生在他的婚姻生活戛然而止后的若干年里。不久后他开始写《弗吉尼亚州纪事》。他还没到四十岁，妻子就不幸故去了④。他后来说："我的历史……如果我爱的人能够永生的话，也许与我能询问过的任何一个人的

---

① 拿破仑1804年在巴黎为法军的老将士修建。
② 巴黎一座欧洲古典风格建筑。
③ 弗吉尼亚大学（University of Virginia），由杰弗逊于1819年创办。
④ 杰弗逊的妻子生于1748年。她1782年谢世时，杰弗逊刚39岁。

生活一样幸福。但是所有的美好生活被家庭的灾难损害殆尽。我有六个孩子,其中四个先我而去,最后他们的母亲也撒手而去。"事实上,只有最大的孩子玛莎活得比他长。在玛莎年幼时,杰弗逊既当爹又当娘。但是,玛莎后来又扮演着母亲和女儿的双重角色,始终陪伴在杰弗逊身边。鳏夫杰弗逊的爱情生活一直是一个疑团,始终萦绕在传记作家们的脑海里。在我们的时代,当一个与性有关的话题被认为(自尼采开始)是一个人的典型特征时,对杰弗逊的解读就成为众人瞩目的焦点,不必提及西格蒙德·弗洛伊德的"性欲的节制"或金赛①的"发泄途径"。假如理想化的超凡力量存在于人的如此充满激情的奉献和对公共事业的付出中,那么我们并不会轻信这样的结论,尽管弗洛伊德本人认为这个结论是成立的。不管怎样,多年来,人们只提及两位可能是杰弗逊伴侣的女性。一位是玛丽亚·科斯韦,另一位是他深爱着的英国女士,他后来在巴黎又失去了她。他给这位英国女士写了许多信,其中有些信现在很知名。从这些信中,我们

---

① 阿尔弗雷德·查尔斯·金赛(Alfred Charles Kinsey,1894~1956),美国动物学家,人类性行为学者,著有《男人的性行为》(1948)、《女人的性行为》(1953)等。

可以看到杰弗逊对她的爱恋。这些信件迟至1945年才公开出版，《纽约时报》的评论员以传记作家的嫉妒口吻评论道，这些信件"值得成为更好的题材"。但那位优雅欢快的女士（她也是一位具有地中海文化背景的地道盎格鲁-撒克逊人），如果说她毫无疑问带点轻浮的话，也许能代表着杰弗逊，如卡尔·宾格提出的，这是一种荣格[①]式的"女性意向"，即男性在某种程度上带有相似的女性性格成分——就像一对双胞胎。的确，玛丽亚的存在激发了杰弗逊完整性的感受和稀有的与她相互影响的品性。我将在第二讲中再回头讲述他们之间感情的悲喜交加的结局。

这就是关于杰弗逊晚年生活中私情的传言。他回到了种植园，与一位更加年轻的白黑混血（mulatto）女子一同生活，据说她为杰弗逊生了好几个孩子。现有的资料表明，这些说法似乎是很可信的，不过其中也充满着不确定性。这里，首先要解决的关键问题是传记作家的看法。如果将这位女性称为"非洲维纳斯"，那么她也当之无愧，尽管她只有四分之一的黑人血统。实际上，她是杰弗逊痛悼的去世妻子

[①] 卡尔·荣格（Carl Jung，1875~1961），瑞士心理学家、精神病学家、分析心理学创始人，著有《心理类型》《精神分析论》等。

同父异母的姐妹。我们查阅杰弗逊的《农场记录》得知，尽管这位女子所生的几个孩子可能只有八分之一的黑人血统，但由于杰弗逊在当时不可想象的异族通婚行为，他作为她所生孩子们可能的父亲角色，在今天遭到了强烈质疑。后来孩子们长大成人，逐渐成为全体居民的一分子，现实使杰弗逊作为父亲的职责渐渐消失了。这就引发了价值观、机智和宽容的问题，（我想象中的研究院）从心理历史学角度看，只有男人和女人享有作为配偶的权利才会走到一起。因何缘故，人们最终要问，这些南方妇女和家庭奴隶应当知晓和感觉到他们是亲属关系？杰弗逊与前妻所生唯一的儿子，出生仅仅三周，还没来得及取名就夭折了，也逐渐被人遗忘。而实际上，白黑混血妇女所生的一个儿子，据说长得极像杰弗逊，这对杰弗逊意味着什么？更多这类问题应当在私情发生之前得以妥善解决。如果存在真实的成分——对我们来说，就变成事实了。对于这些亲密关系，无论传记作家下怎样的结论，许多事情带来的影响和表达方式，无疑显示出倒退的趋势。杰弗逊是一位男性成年人，他全身心投入并圆满完成他所承担的一切事务——无论是在公共领域还是在个人生活中。如果他是美国当之无愧的开国元勋的话，他肯定也是一位当之无愧的父亲。他的失误和挫折,也必须在他一生功德圆满的大背景下被客观看待。

谈到这种无处不在的多变特性,正是它们使杰弗逊的表现不过分美国化,并且在他同时代的领导人中显得既典型又独特。现如今,因为我们已经开始认可这种特性,所以我们很难相信当时的情形——由于区域性差异、代际差异,以及一个由外国移民和国内迁移者组成的国家所存在的种种矛盾,这些早期美国人是怎样有意识地把发展美国人的特性,作为自己的使命的。在这里,特性再次蕴含着多重意义:一种优越的新身份的明显差别,人们还没有意识到这种身份与留在母国的那些人的关系;一种新的类型学,体现着一系列被清晰描述并经常被过度描述的特性,这在一些具有高度自我意识的模式化的小说里都有体现;需要靠自我奋斗获得成功的人们的道德力量,而不是变成永远任人摆布的木偶和临时拼凑的习俗。由于人口的巨大增长(杰弗逊去世时,美国的人口已达1000万人),开国元勋们的设想很快会开始慢慢落空。早期美国人靠艰苦努力创造出许多全新事物,恰恰是由于这种历史上千载难逢的机会,使得美国开疆扩土,成绩斐然,然而也经受了很深的苦难。很少有国家出现理想与本国的年轻人相去渐远的现象，而在美国，国家身份的分歧却再次出现了。《独立宣言》中对财产、技术能力或关于人的全部特性的一种身份与权利做出了保证，这些权利是不是主要由自由民来分享？有没有其他国家不但经常问自己"下一步我们将生产和销售什么？"，还会反复问"我们究竟是谁？"。无论会变得更好还是更糟，身份认同的危机，现在似乎发展成了美国土生土长的东西。所以，这样的提问其实很好地诠释了美国对于这些理念的欢迎和欣然接受。

杰弗逊传记的巨大成就在于弥补了心理历史学方面的欠缺。人们在这方面已经做得很好，而且在继续发展和完善当中。从事传记写作和历史研究会带来的情感上的风险，每一位研究杰弗逊的学者对此都心知肚明。杰弗逊的形象不会受损。如果此类工作能够唤醒学者们历史写作的新抱负，那么它也同时揭示出：既然写出经过历史检验的权威传记或历史著作是一个需要努力完成、也许永远也无法完成的任务，那学者们自然也就听天由命了。也许唯独值得期待的是，对历史资料中的精华部分的真实的相对性进行自觉和专业的评估，以及对我们自己作为旁观者的人生的评估。

第一讲

赓续者：现代洞察力和预见性

第五章 "这代人"与其他语录

杰弗逊是新身份形成过程中人格特性的奠基者，这方面的有关情况，我已在"杰弗逊讲坛"第一讲中进行了重点介绍。在今天的第二讲中，我们暂且怠慢一下这位伟人，而将话题集中在那些与我们这些后来者相关的问题上。在一次时间和内容都有限的讲座中，我们中的每一位须反躬自问：在每个历史时期以及我们个人生命中的每个新阶段，而且，事实上，对我们而言作为一日之始的每个早晨，那些看似需要的对新事物的意识究竟是什么？这样也许会帮助我们从心理学的层次去逐一领会美国现象（the phenomenon of the United States）所具有的那些独特意义。

无论作为读者还是作者，我们之中那些埋头于了解人物生平的人，都知道把一个伟人放在一旁而再次面对我们自身，会让我们感到有一丝寒意。但始终有一些可资引证的语录——那些值得记忆、能够使伟大人物以及我们自己获得不朽声誉的言论。例如,当我们暂时停下支持杰弗逊的行动,转而了解心理学界关于我们这个时代的某些见解时。这也正是杰弗逊传承给我们的:"我曾经生活过的时代和我曾经亲历过的场景,始终在要求我保持清醒,从而获得闲暇去仔细研究大脑的活动规律。"

那么,让我们看一看杰弗逊对大脑活动规律的研究有可能侧重于哪一个方面。我必须承认,作为自然主义者,杰弗逊在这方面的爱好很有可能将他引入另外一种心理学,而那样的心理学与我所介绍的完全不同。那么,杰弗逊研究的是什么心理学呢?在这个方面,法国生理学家皮埃尔·卡巴尼斯[1]的心理学理论是他十分推崇的。杰弗逊在巴黎期间就曾对卡巴尼斯十分看重,并亲临他的心理学讲座。对此,他还在给亚当斯[2]的信中写道,通过对动物大脑的解剖分析,卡巴尼斯展示了"人类身体某些部分的解剖学结构",证明了人类有条件从造物主那里接受思维能力。杰弗逊将卡巴尼

---

[1] 皮埃尔·卡巴尼斯(Pierre Cabanis,1757~1808),法国哲学家和生理学家,著有《人的肉体方面和道德方面之间的关系》(1802)。

[2] 这里指美国第二任总统约翰·亚当斯。

斯的研究方法称为"唯物主义者的精神病学"。不知道这个名称是否使人联想起某种行为主义①者的心理学——建立在对鸽子和老鼠的研究的基础上。行为主义者的心理学在美国以及我们这个处于理想环境中的时代，可谓登峰造极；这门学问准备通过在方法上进行如此完美的设计，用毕生的雕琢取代道德的矛盾冲突。本杰明·拉什博士，这位杰弗逊的好友和我们美国精神病研究领域的前辈，已经预先考虑到了上述前景。他确信天堂里的就是为了使人类对劳作有信心而给予他们的适应过程。上帝完全不是要将诅咒施加于人类，只不过是"在更积极的劳作形式中……提供了……必需的且有益健康的激励因素"，显而易见，这样一来，也为美国人在对待劳动或工作方面的民族精神特质奠定了基础，这是最可靠的针对原罪的解毒剂。我们应更多地从药理学（拉什也帮助创立了医学的这一分支）的角度去理解摩西②将金钱③研磨成粉末，让偶像崇拜者吞服这一事件的意义。既然这种药"苦不堪言且无以复加地令人作呕……自此以后，如果没有

---

① 行为主义是心理学的一种研究方法。
② 摩西（Moses），犹太教先知。
③ 在希伯来《圣经》中，金钱是亚伦（Aaron）在摩西意外长期失踪期间为以色列人所制造的一种偶像。

与这个不愉快的混合物相联系的记忆,人们就不会有偶像崇拜的意愿,当然也会遭到同样的厌恶情绪所带来的抵制"。

在美利坚合众国获得"自由与尊严"两百年以后的今天,斯金纳[1]宣称:"文化与运用于行为分析中的实验场所非常相似……一个孩子出身于某种文化之中,如同一个有机体被放置于一个实验场所之内。"他还确信,我们能够开发出一种"行为的技术",以将造成我们"意欲避免的"结果的可能性降至最低,并将得到我们满心希望的成就的可能性扩展到最大。我们在第一讲中讨论过美国人最初的世界观,如果将它与斯金纳的宇宙哲学进行比较,结果一定令人吃惊。因为,在斯金纳的宇宙哲学中,"环境"的作用取代了"内部看门人",即良心的功能。

那么,如果我们要问,在一个设计完美的世界中,谁将是顶级"看门人"呢?诸位还记得,杰弗逊的拥戴者都竭力成为自然主义者和自然神论者,对他们而言,唯有上帝才是这间宇宙实验室的伟大导师,这间实验室的设计是为了使人类适应上帝的容貌。那么,谁能有资格获得斯金纳为这项顶

---

[1] 斯金纳(Burrhus Frederick Skinner,1904~1990),美国行为主义心理学家的代表。

级角色，即"内部看门人"的提名呢？

在此，不必赘述斯金纳所探索的世界与精神分析领域之间的距离是多么的遥远，对这个问题，斯金纳已阐释得很清楚。但这两种派别仍然相聚于他们依次与杰弗逊的支持者们分享的同一忧虑之中。这是关于替代过程的忧虑，无论人们是否必须惩罚自己或别人，以求得一种良心的慰藉，或者至少能使一宗罪过能为常人所忍受，都会各自依据其自身的方法，将由人的道德意识转化而成的、人类自身的至善与极恶的致命结合予以更换。斯金纳确认，"受过惩罚的行为很可能在惩罚的先决条件撤销之后再次出现"。然而，鉴于去做那些促成他们之事的动机将会消逝，而蕴含于其中的羞耻、内疚以及过失也将不复存在，斯金纳拒绝我们提出的任何一种与设计环境相关的政治架构的建议。于是，在面对如下富于理性的暗示时，我们能感到的只有战栗："我们试图为那些无法解决自我惩罚问题的人，如婴儿、智力障碍者或精神病患者设计一个世界，从而使惩罚能够施加于每一个人，如此一来，就会节约大量的时间和精力。"我们战栗，是因为我们也只是在这一点上较为清楚地知道，什么类型的政治头脑才乐意帮助解决在管理这个临床世界实验室时遇到的困难。

接下来，让我在其他的语录中寻求帮助吧，它们或许能够指导我们与我正在思考的内容发生更为紧密的重要关联，因为这涉及生命循环之世代继承中道德意识的个体发生学[①]。

在此，让我向各位呈现杰弗逊与其女儿的通信中的几个片段摘要，帮助你们回忆那场出现在他生命中的危机，即中年阶段的真实危机，那场危机发生于他在弗吉尼亚任职后与他就职总统前的间隔时期。你也许记得在他迎来政治生涯的低潮（即他撰写《弗吉尼亚州纪事》时）之后，紧随而至的便是属于他个人的极度深沉的悲伤事件：他的夫人去世了。在承受了一个超乎寻常的哀痛时期之后，他不再拒绝官方的征召，尤其是这次安排还能够使他重温在巴黎生活的旧梦。在巴黎（此时他四十余岁，正值中年并作为公使被派驻法国），他与一位曾经和他所有的女友一样且比他年轻的已婚的英国女士一道坠入了爱河。她是一位艺术家，似乎将存在于杰弗逊自身中的更为阳光的一面释放了出来，当时他正满

[①] 个体发生学（ontogeny）是一门研究某种机体由种子到成熟定型的起源和成长过程的学科。

怀悲伤地在《头脑和心脏》(*The Head and the Heart*)中试图证明某些事情,这可是到目前为止已知的由未来美国总统撰写的最著名的情书。在此,请让我向各位报告这件事情的结局。当他与这位女士在巴黎公园里进行最后一次散步时,杰弗逊本应该能越过那些羁绊,如我们用通用的美国语言所说的那样,他摔了一跤,并造成右手腕骨折,这可是具有核心功能的关节之一,唯有当肢体无法行动自如时,这些关节的核心功能才得以充分发挥;对杰弗逊而言,唯有靠着手腕的自如挥洒,方能让其心爱的小提琴奏响心之曲,引领他抒写情书的羽毛笔龙飞凤舞。像往常一样,他自己感觉到这一事件具有更为深远的意义,因而用只字片语表达心声,他那时给一位年轻朋友写道:"右手如何失能将成为一个供左手讲述的长篇故事。它是那些傻瓜的杰作,在这其中,好事可能不会光临,而坏事或许将不期而至。"

如果一个人能够极为重视这起事件和这份自我陈述,那么其他人也能合法地对这些资源加以利用。不管怎么说,为期几周的空前绝后的情感自由,在一次摔跤和一次永久性的关节损伤中落下了帷幕。

杰弗逊到法国南部接受治疗,在那里,他收到女儿玛莎的来信。眼下女儿正值青春年华,其行程是在法国与他会合后再去巴黎附近的学校就读。玛莎在信中写道:"对我说,我现有的知识储备还远未达到理解像提图斯·李维乌斯①这样高水平的学者的程度。我自己连一个字都看不懂,而且即便与我的师父一起阅读,我也几乎一无所获;当然,即便如此,我还是希望能在短时间内重整旗鼓。"

在给其年轻女儿的信件中,杰弗逊语气固执、如同学校的男校长一般一本正经,凡是意识到这一点的人都看得出来这一段文字能够引发嗔怒。而且事情确乎如此。他在信中回复道:"你说你没有能力阅读李维乌斯古色古香的作品,而且居然还是在有你师父帮助的情况下,这种情况非我所愿。在我们决心承担的事情上,我们始终是平等的,没有长幼之分。"他还向她发出警告:"我亲爱的女儿,如果你无论何时何地都被自己的懒惰羁绊住,那么,从这里开始,如同你从一道深渊和一壁断崖上开始一样",因为"懒惰招致倦怠、无聊、抑郁症以及羸弱的身体"。我必须承认,我所接受的训练并未肯定这条健康法则。(虽然按照这个法则行

---

① 提图斯·李维乌斯(Titus Livius),史学家,生卒年月及其更多的生平记载不详,其所著的罗马史在他的生前已成为经典。

事看起来是可行的，但有一天，一位纽约的出租车司机，一边在早高峰期间的第五大道上呈"之"字形穿行，一边警告我："别让它烦扰你，它会使你生病的。"）杰弗逊满怀爱国情怀的告诫增强了他的临床威胁："凡事不顾一切是美国国民性格的一部分，我们总是用决心和计谋去战胜困难。我们远离所有其他的援助，我们倾向于去从事发明和身体力行。我们总是自己去寻找出路而不是依赖别人。"他还总结道："不存在那种不辞辛劳却又依然歇斯底里的人。"这种真正的源于威胁的综合征——懒惰与倦怠、抑郁症与传染病，以及与美国精神的格格不入和歇斯底里——请允许我提醒你注意消极认同以及任何积极认同所必需的匹配物。它实实在在，就像卡伊·埃里克森在其书《任性的清教徒》中所提到的那样，任何新的身份都隐含了一系列的异常，而这些异常定义了官方认可的角色的边界（此处被标注为一壁"断崖"和一道"深渊"）。

同样让人印象深刻的是杰弗逊处于青春期的（且非常具有美国特色的）女儿的毫无怯意和直言不讳的回答，它指出父亲的姿态带有说教的味道："我希望你的手腕日渐康复，但愿你的旅行为你带来的愉悦能让你忘却伤痛。无论如何，我希望你能兼顾愉悦与健康……我将如你所愿重读李维乌斯，我将重新开始，就像我已将对史学的恐惧抛在脑后一般开始。至于歇斯底里，既然我并未懒惰到足以害怕它的程度，你就别在这个话题上再唠叨了。"女儿可以如此与他顶嘴，对他进行揶揄，证明了杰弗逊的人格在坚强和德行与叛逆精神之间达到了平衡，而这一平衡很可能是他的父亲培养出来的。上文提到的他的女儿玛莎是他所有孩子中唯一比他活得长的一个，作为一名女性伙伴，她在他后来的整个晚年生活中充当了一个迷人的角色，在这期间，她还为自己的丈夫生育了十三个孩子。

如果托马斯·杰弗逊在这里对女儿的说教听上去带有些许惩罚意味，而他的女儿又能心平气和地接受的话，那么我们甚至无法开始详细叙述在他那个时代孩子们所遭受的残酷对待如何慢慢地转换为"心理上的斗争"。一个在其决心和计谋中如此骄傲却如此脆弱的正常人，或者是那些觉得自己可以，但是在性格方面过于软弱的人，似乎觉得给那些无助的人上一课是合情合理的，因为他们依赖于别人。

对身体进行捆绑、鞭打以及施以冷水疗法只是逐渐让位于道德教育。至于其他业已被包括在负面身份之内的异常人物，例如世人认为的"疯子"，他们则被锁住并被禁锢在黑暗而狭窄的地方，他们被剃光了头，头上还起了水疱，他们的身体还在流血并需要清洗。当伟大的演说家帕特里克·亨利①在家时，他也不得不给他那被锁在地窖里的狂暴的妻子喂食。拉什（他的儿子是一位医生，后来犯了罪并且罹患精神疾病）是第一批意识到某些疾病和极度的精神错乱有其情绪性根源的人物之一，他提倡如同开展卫生保健和从事公益慈善一样对病人进行职业化的治疗，即便对精神病人也应如此。由道德因素引发的精神错乱可能已经将其后果存留于身体之上，而且拉什博士是放血治疗法的狂热信仰者。关于罪犯，作为一名年轻的律师和立法者，杰弗逊自己按照最具体的"以眼还眼"的逻辑汇编了一份肢体惩罚的清单。这份清单也被收录进了《弗吉尼亚纪事》中，尽管不引人注目。后来，这件事情让他忐忑不安、心有余悸；这一点必须提到，即当他为一个立法委员会承担这项工作时，他试图通过让程度有限的肢体惩罚看起来符合逻辑和正义而对极刑的适用范围加以限制。

---

① 帕特里克·亨利（Patrick Henry, 1736~1799），美国政治家。

这里要指出的一点是，即对待那些偏离成人常态的人的处理，在某种程度上与每一个体对待威胁他自身的偏差的做法相联系：这就犹如将外部的压力与内部的压力相联系。这样，如果我们罚孩子们站在角落里或者待在围墙边，或者将那些品行不端者（甚至只是嫌疑人）监禁于狭小拥挤的空间，或者把那些远离我们国境的"异见分子"剥夺其国籍和逐出教会，以及诅咒那些没有信仰的人，那么这些做法的逻辑的确值得怀疑。我们且不说如此处置是否有好处，更不用说用这些方式去处置这些违法者或犯规者并不能让我们感到满意。无疑，有一些实际的理由要求我们限制孤儿、精神病人、梅毒病人以及那些住在难民营里的难民的人身自由——这种拘留所在杰弗逊那个年代仍然可见。不过，人们或许可以从杰弗逊的信件中得到暗示，那就是拥有积极身份的人必须通过与不受欢迎的人划清界限来巩固自己的身份，就像他们必须和自身的消极可能性划清界限一样——这种消极的可能性是每个人必须在自己内心予以限制和抑制、否定和驱逐，以及为之打上烙印和进行拷问的。

然而，作为教育者，杰弗逊已经意识到这个事实（这是超前于他所处的时代的，尤其超前于他所处的社会环境），那就是施加在这些成年人身上的残酷惩罚和报复行为,对孩子们而言是具有危险性的,这种危险性不仅存在于向其发泄愤怒之时,而且存在于对他人实施惩罚而被孩子们亲眼所见之际。在此,我愿再次重复一段话来结束我在前言中的引经据典,这段话,我们必须在本讲开始之前就牢记在心,其文如下:"假如一位家长在博爱和自爱中都找不到克制他对奴隶过分放纵的动机,那么孩子在其身边,总应该是一个充分的动机。但通常并非如此。父母发威,孩子在一旁观看,目睹暴怒的场景,耳濡目染,他便会在小奴隶中如法炮制;如此养育,日复一日地练习暴政,到头来必然被暴政毁灭。倘若孩子在如此情形下尚能坚持自己的风格、不被这种环境影响而变得品行不端,那他一定是一个天才。"

在这里,博爱不只是意味着做善事,自爱也不只是强调保持自尊,孩子们的在场更不能局限于一个困窘的环境中。他们共同表现了富有教养的人类之爱——存在于别人、他自身以及他的孩子们心中的——能够独自帮助人克服其最糟糕的情绪:他所依赖的惩罚措施不仅伤害了那些他强迫其服从的人,也为他自身获取真正尊重的机会招致了风险。今天,在与我们不是同类的那些遥远的国家之中，这样的情绪可以被改头换面地（正如一些成年人认为的那样）表现在范围更大、更加非个人化的机械化惩罚中。然而，媒体却用文字把这些现象逐字逐句地传递给我们的孩子。人们不禁要问：当杰弗逊使用"讨厌的怪癖"这个短语时，那些本来只是在他脑子里的想法是否会威胁到整整一代人的认知。

所有这些都把我们带向了杰弗逊最著名的警句，事实上，它已经被引用在为本系列讲座而印发的请柬之上："地球始终属于活着的事物。"杰弗逊在这句话下面划了线表示强调并加上另一句话："死亡既无权力、也没有权利存在于大地之上。"杰弗逊原本意欲通过这句话表示，父辈债务的偿还义务，应通过被儿子所继承的不动产由下一代继续依法承担。他自己就在这样的继承自其岳父的沉重债务中吃尽苦头。当然，在革命精神中，这一警句相当迅速地在全部法律问题中得到应用，这种逻辑强制未来若干代人遵循法定的逻辑，而非由他们自身的经验来确认是非，因此也不能用"活着一代的统治权"来确认是非。梅里尔·彼得森曾经将此叫作"杰弗逊最具独创性和最激进"的政治理念。的确，作为立法者，杰弗逊总是关注教育的权利和（知情的）良心自由对于后代的重要性。的确，正是杰弗逊曾经说道（你们当中一些更年轻的家伙们曾经要求我证实以下的话是他所说的）："上帝不准我们年届二十而没有过……一次叛逆的行为。"为什么是二十岁？也许，他言谈中所涉及的不仅是历史，而且包括生命的循环：上帝禁止任何人年满二十岁却未曾有过叛逆行为吗？无论如何，前二十年也算是人生成长经历中的一个阶段，需要个体获得对认同的稳定的理解，而且还要深谙此道，并达到足以见诸行动的程度：这就需要足够的经验去承认事实的权力和权力的事实；需要足够实用的唯心主义与度过人生、打发问题的幼稚理想相对接；还需要足够的难以控制的对未来的承诺，从而留下一些将初期过失内在化的债务。

如同所有伟大的格言警句一样，杰弗逊的话作为人类经验的扩展被鲜活地保留了下来。他所谓的"地球"首先指的就是我们脚下的土地，新陆地上的建筑红线（界址线）划定的边界仍然表明着它的所有范围。如果外层空间未出现宇宙飞船的话，那么对我们来说，只有人类居住在这个星球之上。如果所谓遗产指的是物质上的财富，或者，是那些打算留下点儿东西以谋求自己名声之不朽的人转移给其他继承者的恩惠，那么今天，我们意识到了老一辈人是如何通过这种方式把他们的内心世界"抵押"出去的。我们知道，每一代人都背负着一种沉重的良心，在童年的无助中背负着内疚和顺从的债务。但是我们也知道，人类对他人以及对自己正在结出的残酷之果，其根基还在于进化的过程和文明的历史。今天，要详细说明人性中的至善与极恶之间悲剧性的亲密关系，也意味着把人性成就中的注定倾向与人性成就中非人性的自我否定相关联。让我们尝试展现它们对于人类发展的重要性，以此代替我们通过一连串的旁征博引搬过来的各方面都较为傲慢的夸夸其谈。总结这一章，就是为了声明一个基本的主张："人人生而平等"这一基本宣言对我们而言只能意味着每一个个体生而具有某些发展自身的能力，意味着每个孩子与生俱来地拥有权利去指望一个开发这种潜能的机会。请各位留意，从这里开始，注定出生的，意味着既可以有选择地出生，也可以因为疏忽而已经出生了。无论是哪种情形，它必然意味着在一个选择担保的共同体内生存的权利，因为它知道，它的生存取决于共同体内每个成员的充分发展。

第六章　旧的新身份

目前大家应该清楚我们无法将生活史与历史切割开来，所以，为了至少将人类发展的某一个基本主题与历史的视野相联系，我必须简要地提醒各位注意"新世界"意象的宇宙维度，这个"新世界"的意象，在时间和空间上为美国的新身份提供了宏观背景。

世界观——无论是虚构的或基于历史的——总是双向的：它们是人类尘世状况在宇宙中的投射，也是宇宙的精妙绝伦在人类身上的镜像。正因如此，一位君王可以面向上天，声称上天正反过来用手指着他，确信他们有着相同的意愿和渊源。宇宙的起源与人类的起源——当然还有王冠的起源恰好重合。但我还是怀疑是否有一种世界观是指向未来的，就像美国梦是否曾预期新事物将在一个新大陆层出不穷、男人和女人将会显现哪些新特性以及会制造出什么样的轰动的事件一样。

当然，在用"蒙蒂塞洛世界观"来介绍这些时，我过分强调了杰弗逊本人及与他保持通信往来的演说家和哲学家所发表的言论。显然，在整个迅速扩张的大陆，整个世界观以各地不同的形式显现出来，既被完美的语言表达出来，也为普通人迫不及急待地接受，正如美国的语言证明的那样。该世界观以不同地方的形态和各类土生土长的口号进行了相互比较，并在比较中取得了不可阻挡的进步，进而取代了早期像杰弗逊这样天然贵族阶层的理想的地位。有人将古希腊南部的雅典和北部的斯巴达之间的敌意夸张地与杰弗逊与亚当斯之间的不和相提并论（中间也有明显的断裂），的确，在他们的有生之年，除了一些彬彬有礼的争执之外，他们之间也有不可调和的矛盾。至此，一个复杂的美国世界观已牢牢地占据了——我所能概括的——最简单的维度，或者，如果各位愿意的话，占据了对每个相关个体的最低要求，无论他们是领导者还是被领导者。有一点我们必须清楚——并且今天比以往任何时候都更加清楚，即在复杂庞大的政治生活中，胜出的往往是最简单、最朴实的意象和情感，所以，我今天的任务就是阐明美国梦的心理魅力的过去以及现在到底是什么——我们希望变得更好，就像我们担心会变得更糟。

正如我先前说过的那样，在这个世界意象的中心，是一种在一个致力于自然劳动的美国，根据自然选择的惯例自我造就的新人类，它保障权力的相互制约。这个新人类四处打量并放眼望去，它看到了一个新大陆以及无穷无尽的机会和原材料，这些机会和原材料可使它在世界上实现新篇章——如果不是主要篇章的话。一个不可限量的未来似乎板上钉钉，与它相伴的还有这样一种状态：抵达了心中的归宿地，而不是抛弃了或者是被迫离开了原来的故乡。我们说过，对共同美好未来的向往，对于那些出于性情和个人的原因，以及迫于政治和宗教的压迫而汇集到一起的民众来说，具有特别重要的意义。这在随移民精神行囊一起到来的恐惧、内疚或悔恨之前，树立了一个未来功效（再加上一个神意主导的功效）的典范。对于那些以迅速的身份认同和艰辛劳作为代价获取一个新身份（或老身份的新版本）的移民来说，他们不仅要抛弃故土，还要彻底忘却未来；不仅要驱离敌人，还要置可能濒临死亡的朋友于不顾。如此，移民有了一种新身份。他得到哪些权利呢？在本人年富力强的那个年代，对新到者来说，"欢迎"仍然是正式的问候词。

早期的美国人通过一场勉强获胜的战争,将他们生于斯、长于斯的国家,连同对亲生或非亲生子女的深切挂念,一并弃如敝屣。对他们来讲,过往已经变成不可触及的诅咒,是已经远逝的厄运。没有什么比这样的信念更岌岌可危:移民的命运等同于——如果不是第一代的话,就是下一代——上帝为一代又一代人的到来挑选的国度,这个国度得到了俯视人类的上帝、命运和历史的认可。所以,美国人有了自己的上帝、造物主和缔造者,这个上帝、造物主和缔造者在创建美国的过程中,自己也被按一位顶尖工匠的形象进行重新塑造,而这位工匠对人世间跟他形象相同的人情有独钟。美国的缔造者们只是上帝的传播者,他们的雕像将用金属铸成,矗立在一座座城市的广场上。无论是面对风吹雨打还是喧闹的游行队伍,无论是面对交通噪音还是无所不在的鸽子,他们总是挺拔直立,目光深邃。但是,我的妈呀!就如我们同时强调的那样,人总是需要比他低下的人,那些随时听命于他的人,在这些人的身上,能折射出他内心深处可以感受到的一切懦弱、卑贱和危险的东西。假如美国人不曾拥有印第安人和黑人——他们不但没有开疆拓土,还未能保护他们自己的土地;他们从未想来这里,而是被强迫来的——新的美国人仍会制造出其他人来取而代之。

到目前为止,在这一世界观的素描中唯一可见的系统,似乎只是一个固定在一个坚固而又高耸之处的风向标,它直指苍天,始终保持同一方向,同时根据可意料的变化随时进行调整。此时此刻,我建议各位将这样一幅画面印在脑海。但为了避免这样一种世界观显得过于简单,而与此世界观相符的身份也看似是一种容易设计和模仿(因为如今身份对所有人来说意味着的太多东西)的姿态,我还要提醒各位的是,我将这种新鲜事物的可行性与历史原貌联系在一起,而这也是我首先将它与事实的载体相联系的原因。这些事实当时既可被观测到,也可在技术、政治和军事行动中被验证。我将这样的真实性与那样的实在感区分开来,该实在感为新旧事实增添了一致性,同时让数量庞大的参与者深切地感受到自己与许多重大事件息息相关。最终,我把现实归于能为经济、政治、个人活动提供能量的相互活化作用。一个特定世界性意象在各种事实和数字中被察觉领悟、在无数体验中从情感上得到肯定、在社会生活中被广泛地接受,只有这样的三重依赖才能提供一个不证自明的真实情况。

无论如何,上述事实在美国曾经并一直与不断更新的新事物形影不离，历史上还没有哪个国家做到了这一点。这需要一个能够真正焕发生机的姿态，并且像发生在大多数革命姿态上那样，可能变得执迷不悟——若事情果真如此，那就只是一种引发轰动效应的新奇事物而已。或者，它只是完全出于自己的缘由，是这样吗？难道新鲜事物，例如新边疆、新政①等也应该为过往表现和精神上的失败提供一种自我救赎吗？然而，与之相对应的是，在这个国家里还始终存在对真实性的需求，无论它是传统的还是激进的。对新身份的追求得到了前所未有的丰厚回报，难怪它不但吸引了一波又一波移民浪潮，还对世界其他地方出现的新身份起到了诱导和鼓励作用。

但是，在我从个人发展的至少一个方面尝试确定这样一种世界观的维度前，我必须回答一个合理的疑问：我们怎么可能接受杰弗逊时代的世界观，将其作为一个也适合其他时代的例证，更不用说也适合当下了？按他的观念，最理想的社区的直径应该大约是10公里，人们可以轻松地漫步到

---

① 新政（New Deals）和新边疆（New Frontiers）指罗斯福总统在1933~1939年间实施的旨在对公共基础设施及公共服务增加投资的政策措施，以及肯尼迪总统于1961年提出的执政举措。

其边缘再折返回来——而不需要骑行。各位注意，按照杰弗逊的说法，即使在马背上骑行，也会损伤人类生存和双腿站立并前行的耐力。难道杰弗逊不是这样认为的吗？他当时确实这样认为。曾几何时，难道他没有希望整个制造业都留在欧洲，而美国继续作为农业和工艺品生产国吗？答案是肯定的。我不需要对照我们翻天覆地的城市化和工业化对此做详细的分析。当我重读《弗吉尼亚纪事》，脑中浮现布卢希尔山脉（the Blue Hill Mountains）——当时通往还是未知西部的门户——之时，我正住在旧金山湾中一个半岛的小山上。从这个地方，我可以同时眺望作为太平洋入口的金门大桥（Golden Gate Bridge）和将内地与大陆分水岭（Continental Divide）连接起来的旧金山湾大桥（San Francisco Bay Bridge）。日复一日，成千上万的车辆穿梭于这两座大桥之间，还有无数的人生活在两座桥梁连接起来的座座山丘之上。那时，美国人就如高悬在苍穹之上的月亮，漂浮在天空，而人们在电视屏幕中看到他们在失重状态下不停地忙碌着。

杰弗逊的朋友里滕豪斯主张，我们应该始终将我们在放大镜和显微镜中看到的一切囊括到我们的世界观之中。而今，一个与此相当的建议还应包括那些据称快要到达宇宙的尽头，并能彻底了解生命起源的工具。事实就讲这么多。真相是什么呢？我们怎么能一辈子都天天念叨——这里只讲美国的丰功伟绩——战争胜利和登月壮举，或者因为这些伟业，对我们所拥有的机械破坏力而在良心上隐隐作痛？我们有那么多人被封闭在长距离移动和工业联合体、电信公司的巨大网络中的狭小隔间里，而现实中我们中间怎么会没有几个人能真正感觉到与自己相互激励的人有足够的接触呢？

所有这些对人类心理生态所产生的严重后果正被广泛地认可和研究。如果没有意味着能够察觉出与可测边界动态相连的新中心的人类新尺度的出现，那么任何超组织的解决办法都不会有效，这一点明确无误。这个界限目前被标注得十分清晰，即人类和机器不超越这一勤勉刻苦、富于创造性、适应性强的中心——人类本身——就能共同做到和达到的事情。因此，我们应该认真对待在这个国家出现的一种下意识寻找新中心地位的现象。当今世界，媒体将各种各样的信息传播到千家万户，尽管如此，在空间和区域上不断扩张的城市，今后或迟或早应在规划阶段，即考虑如何实现人与人之间在确定区域的联系与面对面的交流。关于作为人类意味着什么的话题已有很多讨论,这些讨论常常令人困惑,也常常很容易被感知。"人类"一词就像杰弗逊所说的"活着的一代"一样,很模糊且被滥用,对很多人来说还不证自明。此处重要的不是(或不首先是)浪漫地归隐到高地之间的瓦尔登湖①。相反,人们普遍认为,人类的活动以个人的发展为中心,而个人的发展总是与身体赖以生存的物质、头脑可以理解的事物、人能够自成一体的机制结合在一起。因为始终让我们所有人感同身受的基本事实,是新生儿的赤裸和无助。一个新生儿,无论出生在高大的医院还是在农家寒舍,无论出生在穹顶豪宅还是在贫民陋居,无论出生在核心家庭还是在四世同堂的大家族,也无论是不请自来还是出自快活的计划,只要他来到了这个世界上并存活下来,就必须有一个适合人类不同成长阶段的、被描绘成"上佳"的照料环境。而且,伴随每一个孩子出生的,将不仅有人类大脑对未知技术领域不断征服的能力,还有在成长受限阶段出现的重要趋势——进化只允许极慢变化的趋势。尽管人类发明创

---

① 《瓦尔登湖》(Walden),美国作家亨利·大卫·梭罗(Henry David Thoreau, 1817~1862)创作的宣传自然主义生活方式的著名文学作品。

造、自我设计和志向抱负可能会发生飞跃，但其他方面（更多的是无意识的）——我曾提到过良知——的变化却十分缓慢并分阶段进行，这些阶段决定了在我曾概括过的现实三层次中生存的终极能力。正因为如此，精神分析探索必须继续包括人类的基本优势和永恒弱点，而人类的永恒弱点则永远是人类一生中的动机之源。坦率地讲，我们必须孜孜以求的，是人类对待其古老的内心世界（在我的行当中被称为自尊心保护）与政治交易之间的关系，这些政治交易在人类不断扩张的世界中，在权利和义务制度方面留下了痕迹。

假如我们提到美国梦——一个永远追求新事物的共同梦想，这到底仅是一种说法，还是一个"与我们每个人的夜梦相关的梦"呢？因为我们的确花费许多分配给我们的时间躺下睡觉，睡觉不仅为恢复头一天消耗的体能和醒来后神清气爽，还为做梦。正如我们现在所知，做梦意味着梦中人回到了过去精挑细选的片段，为的是回顾（我们所理解的一个梦）前一天出现的一些象征疑惑的意象以及能唤醒过往的意象。醒来后，我们重新定位自己，这不仅关系到我们在哪儿、和谁在一起，还关系到我们是谁：每一个人（无论位高权重，还是地位卑微），无论是先生、夫人还是小姐，都能在这面镜子里看到自己令人惊讶的一面，有的神采奕奕，有的垂头丧气，但又都新奇地随时准备面对新的一天，投入到各种各样的劳作之中，并声称以此为生。在此，集体的想象力就像一种背景，不但帮助我们穿上象征身份和角色的装束，还帮助我们仪态端庄，并进入将——如果它将——支撑我们度过一天的超级现实之中。

第七章　人类从地上直立起来

　　关于我们在夜间横躺、白天直立的主题引出了一个非常基础性的题目，我很犹豫是否要在这个庄严的殿堂里①谈及它。我知道我早晚要触及一些当代问题。然而，假如我在第一讲中就声称人类当前的状况是永恒不变的，那么为了进化，我现在必须这么做。有些世界观被用作人类政治身份的意识形态背景，当我为其中的一种勾画时空结构草图时，我承诺将探讨这种结构对我们相关的每个人有什么作用的问题。为了回答这个问题，我必须从一个简单的事实开始，那就是人类在进化过程中变成了可以站立并直立行走的生物，每个婴儿都将学着用自己的双脚站立。人类学家韦斯

---

① 指"杰弗逊讲坛"。

顿·拉·巴尔[1]曾经说过:"人类孤独地站立着,因为只有人类能够站立。"我们可以在后面加上一句话,即因为我们每个人都孤独地站立着,所以我们必须站在一起。人们能够就心理学和政治学的交叉点说出更多、更复杂的东西;但是,我主张,我们必须从这里——从人类从地上直立起来——开始。

当然,我们都知道篡位者俄狄浦斯[2]的故事。但还是让我们回想一下斯芬克斯让这位篡位者猜的谜语是什么:"什么东西早上用四只脚、中午用两只脚、晚上用三只脚行走?"答案很简单,但涉及很深的个人隐私,因为俄狄浦斯的含义是"脚肿的人",是一个表示下肢末端的某些圣痕的名字。俄狄浦斯在婴儿时期,双脚脚踝被刺穿并被人用皮条捆绑起来,之后被遗弃在一座山岗之上。因此,有人会说,

---

[1] 韦斯顿·拉·巴尔(Weston La Barre,1911~1996),美国杜克大学(Duke University)人类学教授,国际知名人类学家,对关于宗教起源来自神秘主义和萨满教的认知实践有着重要而权威的论述,其人类学理论中包含着心理学的见解。
[2] 俄狄浦斯(Oedipus),希腊神话中人物,他无意中杀死亲生父亲,之后娶母为妻并成为第比斯国王。在前往第比斯的途中,他说破了斯芬克斯(Sphinx)的谜底,斯芬克斯于是自杀身亡。弗洛伊德用"俄狄浦斯情结"表示儿子对母亲的爱和对父亲的嫉妒与憎恨。

这个后来的解谜者以及父亲王位和母亲床榻的篡夺者身份，是软弱无力的下肢带来的祸患。俄狄浦斯在家庭内和公众领域的命运是精神分析探究得最充分的一个主题，但是，在弗洛伊德基于性冲动理论，开始对人类直立姿势（这可以突出和永久地显露出男性的生殖器，以及女性的乳房，而别的生物无法做到）的进化意义给予认真的关注之前，所有精神分析——我认为——都没有足够重视直立起来对人类自我意识的独特重要性。出现这种情况，难道是因为在精神分析的临床实验室里，分析师要求被观察对象以平躺姿势去观察外界吗？然而，这个谜语不仅指出了人类的直立是系统发育的结果，它与人类的立体视觉和双手（令人叹为观止的自由、精巧）共同强调了进化的渐进性，而且指出了婴儿期很长以及婴儿从仰卧着依靠母亲的照顾到脱离她而自主直立，二者叠加起来引发了强烈的恋母情结——以及狂妄自大的个性。在以后的人生中，我们需要知道自己来自何方、站在何处、去往哪里、与谁同行，而这二者将与我们的上述需求形影不离。

无论如何，只有当我编辑完杰弗逊语录选（一个比其同期大多数人都要高大得多并在自己的时代就被称作伟人的人的格言）时，我才注意到几乎每条格言都涉及直立人体的维度。你一定会记住他对那座天然桥的描述："高高跃起，仿佛直冲天穹"，使得人从高处向下望去似乎痛苦不堪、难以忍受——"人们会不由自主地趴下，爬到栏杆边"。接着，一场由法国生物学家就美洲土著居民、殖民地居民和奴隶的身高发起的滑稽争论悄然出现。这场争论因为涉及上述各种人的头脑、心脏和生殖器发出的相应力量而变得更加特别。后来，我们从杰弗逊的情书中得知，他锲而不舍，继续潜心研究心脏和头脑之间的尖锐对立而头脑最终获胜的问题——代价是他莫名其妙地跌了一跤，受了伤。在谈及等待那些不"勤奋"人的"峡谷的绝壁"时，他告诫女儿人类直立的不稳定性。再加上他曾暗示性地提及左右手功能的划分——人类许多依赖直立姿势并使得面部朝前而拥有的特质之一，这似乎是他在通过引用几段话，以我们在胸前划上十字来表达身体的存在：从头到脚、从左到右。"你们看这个人！"（Ecce Homo.）[①]

[①] 作为这一段结尾，作者只用了一个拉丁词："Ecce Home"。该词通常有两层意思。一是罗马犹太巡抚彼拉多（Pontius Pilate）下令把耶稣钉死在十字架上后，指着戴荆冠的耶稣向犹太人示众并说："你们看这个人。"二是指戴荆冠的耶稣画像。

人刚生下来时是俯卧的，抬起头来看着母亲斜侧过来、随时会做出反应的笑脸或愁容。自此，我们将一直寻找需要抬头仰视的人；今后，只有在被选择、被激励，并事实上被动地感受到自我的仰角条件存在时，我们才被确认为人。这一点（一个优秀的领导者为许多人提供）连同人类的需求和独自站立的能力对个人魅力都至关重要。它重新唤起了人生的第一品格和最持久的需求——希望和信任：如果失去这些，在空旷无垠的宇宙中，我们会感觉到失去方向以及得不到认同的恐惧。当婴儿刚开始爬行时，他们学习掌控一块自由的空间，以便在斗胆爬向很远的地方时，能够再爬回来。人类学习跟从其固执的头部探索前方为何物，转过身来，看看身后还有哪些安全的地方。然而，与站立一同出现的一个特殊的威胁，是人类身体的不平衡和所有人都孤独地站着，因而格外显眼。让我们看一下这一经验的维度。当我整理出一些将身体存在和精神生活（inner life）与空间和社会视角联系起来的比喻性描述时，我希望能激发各位联想起自己大脑中的各种图像和语言文字。

对于直立起来的人来说，头部与头部带有的"光环"和意识一起，位于人体的最上端。人的眼睛在头部前面，因而他的视觉是用来面对前方和眼前的东西的，后面的东西仍在背后。这是统一时空体验的开始。接着，出现了各种各样的组合：前面和上面、前面和下面、后面和上面、后面和下面，所有这些在人类孩童时期都有不同的隐含意义。各种语言都有大量隐喻（相互间系统地紧密联系），这些隐喻暗示，上述各种方向都表达两种基本情绪（如兴高采烈和消沉沮丧）以及重要的社会关系。让我们看看下列几个方向的妙用。"前面和上面"表示我希望总有一天能与某些人平起平坐，这些人往往很难追赶。假如他们选上我并将我带到他们的高度，我将欣喜万分；如果他们冷不丁把我放在地上，或者最终让我自己躺倒，我会懊恼不已。很多时候，我们被引导着向前进发，受来自高高在上的东西的指引，手指向前方，正因如此，下面和后面的维度就变得尤为重要，因为凶险常隐藏在下面和后面。因为无论我们怎样转身，去看那些不转身就只能听见的东西，但总有一个我们永远无法面对、但他人可以看见也能靠近的后面。于是，我们身后的人就属于这样矛盾的类型：要么是在背后支持我们，即鼓励我们前进的人；要么是在我们后面，试图从后面拽住我们的人。当然，儿童与所有这些危险为伴，躲猫猫游戏中"喵"一声叫（peek-a-boo）或许可以帮助他们习惯暂时消失后重现的面孔，同样，因为知道被捉住后没有危险，孩子们把来自背后追逐的威胁作为一种乐趣。"下面和后面"表示人们或许可以轻易超越的人。最后还有那些人们想要抛在脑后——忘记、遗弃——的人和事。

将"后面"和"排除出去"联系在一起非常震撼并充满敌意。（杰弗逊曾说过："英国人就在我们的大肠里，必须把他们排出去。"）当然，美式英语喜欢称那些无关紧要的人为"屎"。我们都经历过来自前面和后面的埋伏的致命一击，自己就像被踩踏的害虫一样——我们的士兵用此比喻来解释他们对美莱村惨案①所表现的与士兵身份不符的愤怒。

最初的"我能站立"的惊喜，有朝一日——在经历了许多危机之后——将变为"这是我站立的原因"或者"我就站在这里"的自豪。那么，基础就是我们站立的一块场地以及我们超越卑微和粗劣的能力。成长也意味着我们超越了别人，事实上，也意味着超越了自己；在成长过程中，我过去的很多东西和他人现在仍有的很多东西，从今而后将统统在

---

① 美莱村惨案指1968年3月16日，美军在越南美莱村屠杀包括妇女和儿童在内的数百名平民的惨案。

我脚下。虽然听来很简单，但所有这些看法构成了复杂的时空发展的基础：我在空间里是什么、什么在时间中发生变化；过去之我目前在当下之我中；今日之我远超旧我之总和。与此类似，如果时间充分，一个人可以从其他开端起步，走向另外不同的发展方向：感觉和认知，肌肉和运动，以及性别和社会。这里我只提及一个最接近的例子，人的左右两侧有明显的差异，这是因为人有向前定位这一特性。同样，人类强壮而敏捷的右臂是一个进化的实例，它被用像战争和手艺这种人类社会演化的后果加以润饰。这令人的右侧强壮和"正确"，同时高度重视战士和猎人及其性别特征：真正重要的是挺身而出，走在前面，且装备精良。还有就是性别差异。当然，男人和女人都可以直立并向前定位，也都非常机敏。但是，我仍有一丝疑问，即在人类心理较为原始的层面上，人类身体的重要草图将进攻、防御的含义赋予了人的所有发育阶段；因此，在直立意识发育的婴幼儿阶段，性别差异也呈现出持久、荒谬的隐含意义。这种隐含意义体现在直立生物使用的各种相互吸引的方法的初始阶段：性欲邂逅为性行为准备了各种方式，这是两个人身体的性爱需求以及彼此最私密经验的一次分享；姻亲关系说明他们共同用一席之地，使用相同的技能，迈向共同的目标；而敌意和排斥正好与所有这些象征相反，它加强了前面、后面和侧翼的防御性和进攻性。这些基本的图式是如何出现，并且是如何在家庭等级制的特定文化背景下相互作用的呢？现在我们知道，这与人类的基本期待和恐惧有很大关系，怀抱这些期待和恐惧，儿童、青少年将第一次看到他更加宽广的政治角色。

我们的主要观点是，每个铭记早期时空经历，并且最初与家庭成员小圈子分享的个体，一定会寻求与一个有着相同世界观的更宽广圈子的（最终是政治的）联系：我们现在可以看到，他们的意识形态时空观一定会减轻每一个体身体发育所产生的焦虑。但是——或许我们现在可以加上——人类的焦虑一刻不停地反映了他的内心与外部世界，因此，时至今日，我们必须简要说明另一个进化方面的假定事实，即内心经历和外在感受的互补性。为了成长、成熟和观察，我很快既在内心深处又在外部世界面对一个更高级的自我，这个自我总是为那些曾经比我们更高大、更聪明或起码更强势的人代言。如果这些人在抚育我们成长的过程中总是告诫和惩罚我们，那么，告诫和惩罚就是我们的良知现在反作用到我们自己身上的东西。我们也有带着私密乐趣陶醉其中的低级自我，直到我们的高级自我再次让我们看到自己堕落得有多深。我们还形成了一个召唤我们投机未来的理想自我，在这样的未来中，我们将同父母这样的人一样，变得非常强势。在它的作用下，我们会高兴地忘记一部分过去的自我，压抑某些非常不愉快的记忆。

当然，对于所有这些内在力量，精神分析都有专门的术语：理想自我和超我。后者（因为现在我们关注美式英语）并不是指让人感觉高人一等的自我，恰恰相反，它是指对自己颐指气使的那部分自我。但还是让我对"自我"本身说上几句。同样，在美式英语中，往往形容比较自我的人会有过度的自尊心。而在精神分析中，自我是指精神生活中的平衡功能，可以让人正确判断事物以及做好采取行动的准备。它在健全的神经系统的帮助下，调节外部事件和内心反应、过去和未来，以及高级自我和低级自我。最重要的是，自我每时每刻都在维持这样一种感觉，即我们（指我们每个人）始终处在自己经验波涛的中心，而不是在某一外围颠簸摇晃；我们是自己行动计划的始作俑者，而不是在听人发号施令；最后，我们积极主动，事实上，是我们在驱动别人（同时被别人驱动），而不是被突发事件搞得被动消极。所有这些造成了感觉（或行动）整体化或碎片化的区别。显然，为了说服自己处于这样的位置，每个自我必须保持某种无所不能和无所不知的感觉，而这样的感觉如果不被限制在一个整体世界观的范围内，那么长此以往，就会让我们犯罪和疯狂。自我不是属于自己的一座岛屿，实际上，正如我们所知，我们在站立和成长过程中所学的语言，将所有人的共同经验传递给了每个人：我、你、我们——在这个由事实、经验和互动构成的同一个世界。

但是我们还要承认这一点，即我们的自尊心、我们的适应和调节器官，也是人类堕落的温床；因此，人们最终必须承认，自我——某种程度的自负和夸张的起因——这一术语的广泛使用并非空穴来风。成年以后，我们学会了与那些在政治和形而上学秩序上高于我们的人打成一片，学会了接受帮助我们镇压那些已被我们踩在脚下的人的法律，学会了把我们自身出现的渺小和虚弱、丑恶和病态，或者必须断绝的被邪恶欲望所驱使的冲动，投射到他人身上。因此，每个自我，通常是那个我们称之为健康或强壮的自我，孜孜不倦地探求它能侥幸逃脱的边界——对自己也对他人。在被安娜·弗洛伊德[1]经典地描述为防御机制的形式中,自我学会了与逐渐发展到一定水平的自己做交易。当然,在一起紧密生活的人们的自我各自学习彼此做以及不做交易。我们必须了解这其中的最坏方面,并时刻留意,共谋有许多含义,可以是彼此巧妙地制造麻烦,也可以是相互腐蚀,就如同做交易可以意味着相互给予同样的机会,或通过洗牌作弊来彼此较量。参与相互作用、给予并获得回转余地、增加相互间友好关系和洞察力的总量——这些都是上帝赋予自我的主要天赋。

现在,我们已讲到了第二讲的中间,是时候决定什么是我们称之为政治的东西。由于超然文学和为达到规劝的目的而变为超然的文学最近开始将政治这个词语用于人际交往中,就好像一个人可以和他的本我一起,在许多人(例如在一个家庭中)中间玩弄政治。这可以是引人注目的启发,它说明对单个人的内在经济的研究结果实际上就是(或也是)一门关系生态学。但是保留政治的这个词语(不用引号)看

---

[1] 安娜·弗洛伊德(Anna Freud,1895~1982),西格蒙德·弗洛伊德之女,奥裔英国精神分析学家、儿童精神分析学开创者,亦是本书作者的导师。

起来对于人类的城邦，对于修建并设想各类社区（从真实具体的城镇到上帝之城）非常重要。这些社区不仅满足日常生活的各种必须，而且可以有一种精致的风格，与人类内心生活保持创造性的互动。因此，正如人类高级自我将价值赋予了他所在政治组织中的精英，人类高级自我也从他所在政治组织中的精英那里获得了价值，甚至他的理想和低级自我也有意识地反应在描述他所在社会的英雄和歹徒的大众戏剧中。他的自我继而得到了拥有共同公民身份的兄弟会的支持。在这里，他对自己的身份感到轻松自在。诽谤式地或出于宣传目的地使用政治这个词语都不会减损这些基础性需求和能力，然而我们必须清楚，每种需求和能力都极易被收买。

心理学认为，政治科学可以向人类解释人类自身普遍存在的最堕落一面和最纯洁一面的危险相似之处。我敢说，在与刚才这些话题正好离得很近的地方，各位或许已经察觉到它们适用于发生在华盛顿这座城市的和在高层发生的各种事件。我们已经很少意识到人类返祖努力的渗透力，很少意识到前挺的人类以及往昔的勇士兼猎手，如何令他们自己不但在战争中也在生意上立于不败之地。只是他们的支配地位在其职业中——当然也在艺术和科学领域——变得更加微妙。

但是，有关个体发育的内容，我先讲到这里，现在回到身份问题。正是在青春期，那些约会的形式进一步发展，孩童时期的经验转化为新的邂逅并见诸行动。年轻人通过手挽手和拥抱，通过一起游行，通过肩并肩工作和祈祷，通过一起参加富有节奏感的运动，通过在游戏中彼此对抗，满怀热情地加入这具有象征意义的活动中。至此，我谈及的一些方式得以明确：性爱的亲昵、附庸式的忠诚，以及排斥他人的怒火——得知、反对某人将与什么东西或人物站在并结合到一起。但这一切只能在某个意识形态的视角中毫无争议地出现——对我来说，意识形态的视角是一个不被政党垄断的、生长发育的必然条件。无论如何，对于那些目不识丁的个体，仅仅根据他们如何成长为他们现在的自己的计划，我们现在可能已经非常清楚他们会如何在这些原则上进行巨大的付出。举例来说，这些原则有：全体公民一律自由、一律平等；全体公民共同反对那些自认为比别人更出色的人，反对那些操纵真相、杜撰现实，以及令交往变味的人。

这里，杰弗逊和他的朋友们有个假设：原则上，人类有一个道德核心，体现了人类成长发育的基本事实。假如在与他人的相互激励中给予这一道德核心一定的自由空间去展示自己，它往往会做出符合道德的、合情合理的选择。人们或许对青少年的各种姿态——忙乱与叛逆或坚定与前瞻、退缩与梦想或激情与胜任——印象更为深刻。但是，就是在这个阶段，在政治世界与内化现实交汇的过程中，童年时期的理想把他们自己与工作方式和体现在合作和领导模式中的意识形态真理联系在一起。因此，对个体是否有机会将他在婴儿期的内疚和狂躁之中所遗留下来的东西转化为对他和别人具有持久价值的公共行动这一问题，我们将给出答案。

对领导者而言，为青年以及常年处于青春期的成年人提供一些过于明确的敌人，以保持他们对自己的认同感，是轻而易举的，从某种意义上来说，也是十分必要的。没有什么地方比在领导者与自己所做的内在交易和他与他认为可以指望的、他所领导的人所做的内在交易的相互作用能让领导能力更好地被体现出来。因为这将决定他认为他能为选民提供什么样的政治交易。正如我们曾表示的那样，在这块内心世界的共同竞技场上，最敏感的问题是良心的双面角色：既是一位仁慈宽厚和经验丰富的导师，又是一个应受到惩罚和谴责的内心世界的暴君。什么是我们准备以上帝的名义在我们自己身上压制的；什么是我们准备以"我们在自己身上杀死什么"的名义在全世界消灭的——这是人类面临的最为重要的问题。

当然，这个问题的全部本质与创造虚构主体的过程相关，虚构主体就是我曾提到过的伪物种——部落和国家，纲领和阶级，其中每一个都装扮得像是看见自己荣耀显赫、被奉若神明的人类。这为意识形态饥饿中的青年提供了为之生、为之死的理由，并且在同国内外其他伪物种之间爆发的周期性战争中，激发了他们的英雄主义和自我牺牲精神。实际上，当我第一次论及伪物种这个概念时，康拉德·洛伦兹①提出，人类消灭自己的一些同类的周期性冲动是不可避免的，这是一个他所宣称的纯正的动物在真实进化过程中很少见的习惯。今天，所有的战争都是威胁人类这一物种自身的战争；以身份荣耀为核心的仪式化战争前所未有地在西方世界广泛的层面上正失去其主要吸引力，而和平动员则能唤起超越国家的忠诚感，因此，这一点意义深远。但是，在最近的历史中，所有伪物种中最庞大的一种——技术先进的现

---

① 康拉德·洛伦兹（Konrad Lorenz，1903~1989），奥地利动物学家、动物心理学家和鸟类学者，当代动物行为学的奠基人之一。

代国家——已经显示出他们想要打世界大战并热衷于野蛮的灭绝行为。毫无疑问，他们或多或少害怕失去传统的共同身份。此时此刻，假如我提议，我们应该细致入微地研究我们与自己所做的最简单的内心交易和我们默许或受到激励而做出的政治交易之间的关系，我希望各位虽然对我存疑但仍然相信我下面说的话，即我和别人一样，知道领土事实和经济实力的强大力量，也知道政治变革中所有类型的意外事件，尽管在我的两个演讲中，我不能涉及这些可以联想到具体历史事件的主题。

相反，请允许我非常简要地回顾一下我对这个国家的最初记忆，以此来结束身份象征的讨论。那是我三十岁出头移民来此的岁月，碰巧遇到罗斯福新政时期——一个伟大而富有的国家正遭受严重的经济衰退，满目疮痍。正如我现在可以看到的，经济衰退看来已毫无疑问地让那个自我塑造的身份失去了往日荣光，并且使它的不断更新成为疑问。在那个最低沉的时期，一个因腰部以下瘫痪而自己不能用双脚站立起来的领导者出现了。唉！可惜。但是，借助儿子或助手的手臂，他在公开露面时总是站立着。因为他的心境似乎总在极力掩饰自己遭受的巨大痛苦，也因为他以清脆洪亮的声音驱散了所有人的沮丧情绪，所以他提振了广大民众的精神，而广大民众也奋勇前进——跟随这位坐在轮椅中的人。幸福时光再次降临美国。

这听起来像是个寓言，并且顶多是个寓言，原因在于它明显地忽视了经济和政治的全部现实。但寓言不说谎，而上面这个寓言的确反映了那个年代的真实情况，即使后来，它也帮助激活了人类忍受痛苦、缓慢走向团结进程中最大的危险：法西斯主义。罗斯福总统和他那个时代神话般的科学巨匠爱因斯坦联手开启了核毁灭时代——这是我们在通往实现物种时代的缓慢曲折道路上的新篇章。为了物种时代，创造一个美国身份或许是一个重要方式。

第八章　身份危机的危机

假如各位现在期待——无论是出于希望的心情还是出于质疑的态度—— 我在最后几页讲稿中会简要描述一下一个即将到来的全新身份的模样和实质,那我倒是希望各位记住:此时此刻,在美国的历史上,美国压根儿没有天赐的清晰疆土和机构。事后想想,这似乎构成了美国的开国先父们旧的新身份的一个令人信服的背景。相反,从像越南战争这样的冒险中抽身的急切愿望和对此迟滞痛苦的反应,不过是彰显了让我们接受这一被无限夸大的事实——美国身份的地缘政治基础已变得面目全非、无法辨认——是多么困难。随着新大陆形象的褪色、边疆、蒙提祖马[①]的厅堂楼阁,以及

---

① 蒙提祖马(Montezuma),位于美国亚利桑那州中部弗德河谷国家保护区。

的黎波里①和硫磺岛②的海滩的形象也一同失去光彩。没有什么比规划一个物种享有的某项技术的全球政治所必需的内心解放更加岌岌可危。这些手段从防止全球毁灭入手：他们会从将每个孩子一同带上宇宙飞船式地球的宇宙世界观中获得成就感吗？在这个讲座里，我只能（用我掌握的概念）追踪一些阻碍人类尝试解放自身的内心枷锁——因此，我们对自由的谈论或许听起来不再像一张唱针落入其纹槽的唱片，当大家都期待它结束的时候，它却令人厌烦地一遍又一遍重复着某个曲子的片段。

当我说到旧的新身份时，我暗指这样的事情：当一个基于"新"的身份开始重复自己的时候，它必定阻碍自己的发展。然而从一开始，这个"新"就需要恒久不变的同一性作为其对应物。确实，一个连续不断的自我意识总是要求我们在保住身份的期盼和重获新生的希望之间保持平衡——这是身份的一个维度，它总是迫不及待地区分某一特定世界观的保守（如果不是反动的）版本和自由（如果不是激进的）

---

① 的黎波里（Tripoli），利比亚首都。
② 硫磺岛（Iwo Jima），日本火山群岛的组成部分，位于太平洋西部，距东京东南约1200千米，面积20平方千米，战略位置重要。

版本。

但如果一个全新的文明意识到它正在塑造自己,就像已经发生在美国情况,会如何?如果这样的全神贯注——毫无疑问始于威廉·詹姆斯[①]——能引发一种先在文学中显露并最终也在心理学中闪耀的自我意识,又会如何?如果这种意识最终包含了一种对身份问题的特殊认可——而我相信,身份问题是普遍存在的和必不可少的——那么难道这种特殊意识不会妨碍塑造全新文明过程本身的清白吗?又或者,在技术和科学加速变化的条件下,我们关于潜意识动机的特殊好奇心本身就是对自我同一性的意识核心的进一步的进化需求,会是这样吗?

由于我们对身份问题的深入理解与其他许多重要见解一样,都源于临床思考,所以让我在这里就弗洛伊德讲几句话。我们理所当然地认为神经心理学家在西方世界已步入具有巨大启迪作用的科学家行列。当然,每一个时代都有它自己关于什么是内心解放的看法,在这些讲座中,我已指出了在内心不自由的概念化过程中的一个总趋势。我曾详细引述

[①] 威廉·詹姆斯(William James,1842~1910),美国哲学家、心理学家,实用主义哲学运动和功能主义心理学运动的领军人物。

了福音书（Gospel）中的一段话，这段话强调了某位患者的信念是她能否痊愈的决定性因素。当谈到杰弗逊时代时，我描述了曾在欧洲接受培训的拉什是如何取得对精神动力的深刻见解的。例如，他早于弗洛伊德提出：抑郁"可能由被遗忘的原因诱发，或由于情境所引发，而悲情与过去的抑郁有关，但并未唤醒记忆中的抑郁的原因"。这些简短的说明，虽然彼此在时间和背景上差距很大，但还是显示出一个趋势，即按照拉什的建议，越来越多地将精神焦虑的原因归咎于患者的内心生活，而把治愈的原因归结为内心的坚强——根据拉什的建议，要保持清洁和忙碌。弗洛伊德的品行和临床意识还使他放弃了抱手的习惯（他在睡眠中仍我行我素）。除了发声鼓励深入理解痛苦的原因并通过解释帮助理解这种认识外，这种行为也让他摆脱了所有权威角色。然而，还有一些令人心神不定的因素在头脑中挥之不去：一些在福音书中被注入猪身体中的毒品，在拉什时代连同被污染的血液一起被放掉，在今天则是用电被击出。同样，在弗洛伊德时代，也有宣泄体验的概念，即发泄被压抑的情绪。但在这里，它为提升洞察力服务，即利用病人自身的自我意识实现他自己的彻底转变。这样，在帮助一组被社会排斥的人学会尊重自己并理解自己历史的过程中，弗洛伊德创造了许多不仅适用于这些异常的人，而且能够适用于正常人的方法和概念。通过这种方式，他扩展了人类对自己潜意识的责任，特别是对自己的子女成长的责任（通过打破使儿童早期发育迷茫歪曲的枷锁）。因此，他使杰弗逊特别感兴趣的一种有关生殖过程的预见成为可能。他之所以做到这一点，是因为他用系统性的先见之明代替了飘忽不定的"事后诸葛亮"。

然而弗洛伊德也是第一位预见这些的思想家。他发现如果没有内在阻力，事物的根本特性就永远不可能被接受，而事实上，他认为内在阻力是人类思维正常运作的一部分。我们大家都如此，或者，我们应该接受这样一个事实，即这种阻力与其他防御性反应联手对抗打算剥夺我们自己生成的确定性的洞察力。在这方面，弗洛伊德将他自己的观点与哥白尼和达尔文所称"人类睡眠干扰者"的观点做了比较；我认为我们必须在这一卓越伟人的名单上加上马克思和弗洛伊德的同代人爱因斯坦。

事实上，我愿提名物理世界的相对论思想和人类内心世界的潜意识观念（我将马克思发现的无意识阶级包含在内）

作为我们这个时代人类意识的两种同样令人惶恐的扩充。同时，我会假设任何新身份都必须有发展其相对性的勇气和潜意识自由的能力，包括面对两者引发的焦虑。在宇宙内，人类总是将他想方设法在宇宙中概念化的事物反过来投射到自己身上；历史将讲授宇宙理论对芸芸众生来说意味着什么。并且，相对论最终提出了相对主义——当然，这是一个让爱因斯坦都感到陌生的概念。但各位与我或许还记得，那时，即便是爱因斯坦时代的许多德国的杰出科学家，也认为他所从事的工作令人*厌恶*，爱因斯坦的工作让他们良心发颤。杰拉尔德·霍尔顿[1]恰如其分地纠正了他们，他说："当然，相对论理论没有意识到真实性仰仗于观察者的视角，恰恰相反，它重新表述了物理学的许多定律，使它们适用于每一位观察者，*无论他如何移动，或站在何处*。它的中心意义是，科学中最有价值的真理完全独立于观察角度。"我用斜体标出了这句话，提醒我们立场在心理学中的重要性，为的是澄清重大科学剧变和前面提到过的人类自我的标准，包括中心性、创造性、选择性、主动性与身份等之间自相矛盾的关

---

[1] 杰拉尔德·霍尔顿（Gerald Holton），哈佛大学物理学、科学史教授，美国物理学会（American Physical Society）研究员。

系。如果地球不在宇宙的中心，它的中心地位似乎就悬了；如果我们从低等物种降格，创造力似乎就没了；如果我们认为我们正在做的一切完全受潜在动机支配，选择权和主动性似乎就不存在了。因此，许多新事实，是由可以抱着最真诚的态度玩弄事实的人，以及在力所能及和确信无疑的情况下有独自站立的勇气且能够用心智健全和接纳的状态去冒险的人展现的，这似乎总是让我们确信，必定正确的认知将彻底破灭。这里的悖论是，这些事实和理论极大地增强了人应对自然（和人性）的能力，但在我们所知道的和我们所能"领悟"的之间产生了一个时间差——这是一种危险的状态，绝无戏言。

为应对这种新意识，人们出现了许多反应。有些反应令人欣喜且足智多谋，在创造力和情绪力上开辟了一个新的空间；然而，我认为指出"过窄"和"过宽"的身份之间长期存在的两个极端是我义不容辞的责任。于是，就出现了维护这种旧的新身份的尝试。它更为生硬地主张，一个人可以同时且必须自我创造、自我造就，并拥有美国传统中"自己动手"的人格特征，这实际上是一种过时的立场。这个旧的新身份的明显标志，就是对那些完全按照自己的步调转而尝试各种其他身份的人给予鄙视性的处罚。

在年轻人中——现在他们或许已不那么年轻了——有些人不相信完整身份的概念，他们认为这是老一代人的又一个骗人把戏，被设计用来对人或他将达到的目标——如果他拒绝自我实现而仅仅是得过且过、四处漂浮——施加传统限制。这些年轻人似乎对他们自己宽宏大量，根本看不起那些坚信知道自己是谁的人。但这并不意味他们不在寻求他们拒绝的东西。正如我们所见，即使在意识新形态和新社会模式像走马灯一样的地方，对一个熟悉身份的基本需求总是没什么变化。同样，对革命性身份的追求往往会导致我们产生属于其他时代的和过去无产阶级的立场。

当然，建立在各种活动基础上的身份是最安全的。当我们见到一个陌生人，我们通常想要知道他是干什么的，之后，还想知道他是如何干他的活的。因为对能力的需求也早已固定在发育的过程中，最重要的是，人的身份认同发展于学龄期，即工作能力和技巧出自有意义地玩耍，以及在玩耍和工作中抱有理想的行动方案蓝图的娴熟能力的阶段。然而，由于婴儿时期对篡夺之前由父母占据的角色的负罪感，这些将来胜任的理想总是遥不可及，实现起来困难重重。一个一成不变的问题是，这样一种主观上的篡夺能否让人在执行力方面获得经事物客观本质验证的认可。出于这个原因，一个新身份将非常仰仗熟练掌控一套由科学技术以及艺术所决定的技能，人性化生命的任何尝试都不应贬低或阻碍这种掌控本身。的确，没有信仰的能力顶多不过是事实奴隶的一种形式；而没有能力的信仰绝对不是自由。

有趣的是，我们年轻人中一些最虔诚的反叛者认为需要在天地间或行业技艺上采取行动，以便与长出来的庄稼和那些以始终如一的真诚的东西发生联系。然而，"凡事都是相对的"这一观念毫无疑问地以众多细微和明确的方式对当代身份形成的特征做出了贡献。在我的第一讲中，我曾谈论过这个事实，即杰弗逊是一个自然被称为"百变之人"的人，也就是说，是一个在其一生中可以扮演（用杰弗逊的话说）许多看似对立的角色的人：农民与建筑师、反叛者与贵族、政治家与哲学家、美国人与古典主义者，还包括给人以两性合体的印象在内的、看似矛盾的人格特征。但在所有这些角色中，一成不变的是他自己。同时，他是他所处时代的一个领导人。这是一个呼唤变化、百花齐放、百家争鸣的时代，同时，这个时代也拥有坚定的品格——没有引号。由于美国礼仪的普及，"普罗透斯人"（Protean man）普遍出现，对此我想说上几句，但请各位最好记住普罗透斯（Proteus）[①]困境。普罗透斯知道万物的过去、现在和将来，正是为了避免说出这些，他才不断利用大自然中各种动物和四种要素作为自己的虚假身份。只有在他打盹儿时抓住他，并且在他没来得及变成各种活物逃跑之前将他控制住，他才会被迫显出原型并说出知道的一切。因此，在最初变化多端的人格中，有一个真实存在、永恒不变的普罗透斯——在众多难以捉摸的身份中，这是一个悲剧性的核心身份。

然而，如果将角色扮演作为自身的目标，回报以成就和地位，并诱惑人们抑制其潜在的核心身份，会如何呢？一个演员只有当自己具备演员的核心身份以及技能时，才能确信自己可以扮演众多角色。与此类似，很可能还有一些人，他们的性格类型能够轻松应对各种千变万化的可能性。恰恰在这个时候，存在一个发育期（即青少年时期），在这一时期，青少年们用各种不断变换的角色和思想做试验，这为他

[①] 普罗透斯（Proteus），在希腊神话《奥德赛》中是海神波塞冬的助手，是对过去、现在和未来无所不知的天神，善于形变，能够不断改变自己的外形。——编者注

们的个人成长提供了一种方式。事实上，今天所描述的多变人格可能是青少年人格努力的结果——美国一直在培育这种人格——以适应由了然于心的易变性立场所引发的巨变，并通过把变化当儿戏来保持主动，以便在这场比赛的选手中始终位于前列。人类终将是人类自己或彼此的父母，相互确认身份，形成自己的习惯；而且，人类可以将这所有习惯保持下去。那些对这种比赛天赋异禀并因此真正乐在其中的人，或许能够幸运地使其成为他们身份形成的一个重要部分，并且在我们这个时代的不断变化中找到一丝中心和独创的感觉。但是，我们必须发问，这些百变多面手（Proteans）将如何面对他们自己的子孙？难道他们不断复制他们自己观点的愿望不允许他们抑制成年人创造（或养育）新生命的意愿吗？这种否认很容易被限制世界人口的必要性合理化。

然而对普罗透斯来说，他当时的多重身份是悲惨命运的原因之一，对我们在座各位——试图用两个相对论和潜意识含义思考的人——而言，多重身份应当成为更理智和更知情下的选择，今天，它也常常转变成强迫症。例如，非但没有更自由和更多的个人选择，而且过去所有被标榜为受压抑或保守的性行为，现在似乎都被以微不足道的改变装扮，就相当于性自由。难怪从这些以及其他可互换角色中挑选一些去扮演，只有在帮助淡化全身上下的负罪感时，才能不时给人一种转瞬即逝的身份感。

今天，我就人类良心的本质已讲得足够多了，为的是表明在各种角色以多重身份或没有任何身份的名义下被毫无章法地加以扮演时，传统良心不但没得到解放，反而再次受到压制。这样的结果不是在肆意放纵中拥有更大的知情权自由，而是会变得无法人格化，无法向他人传达任何伦理，只能做出各种角色调整，并且只有调整也是不够的。在适应性和使人类环境适应人类需求的意义上，自我需要适应；因此，工作（不一定是指阶级）方式和身份之间的关系是决定性的，与这种关系相伴的，是技术掌控与人类生命周期的互相适应。

还是让我们回过头来谈谈另外一个极端，即建立在无情的旧身份基础上，并由几乎毫不掩饰的恶意和坏心肠联手推动的新型惩罚——因为你可以确信嗓门最大的道德家总是与自己的良心做交易。这种新型惩罚似乎比帮助为违法乱纪行为找到开脱办法更让辩护者和自辩者满意。我们应该知道，许多年轻人，不管是得过且过还是斗胆犯罪，也不管是单独作案还是加入注定失败的黑帮，他们只有在炫耀低级身份时才能瞬间体验到高级身份，他们做知情选择的能力因社会的忽视而大大降低了；而且，除廉价武器随手可得外，总是有大量暴力和残忍的虚假范例在媒体中被呈现并被当权者自己展示，使报复的姿态成为时尚。我们应当审视那些勉强有合理需求（主要指自证无罪的高级需求）的、不计后果的上层权力的官方展示对年轻人造成的影响，而不是用必然令众多年轻人的道德主动性完全丧失的方式囚禁他们。如果没有道德权威机构，那么新身份是不会出现的。这一点我们非常清楚。这个机构可以通过一位见多识广的法官，恢复因无法拥有知情选择权而犯罪的人的名誉。我们相信杰弗逊所言，如果有选择，如果有相关并可共享的信息，大部分青年人将倾向于选择能够带来丰厚收益的团伙犯罪，而不是单独犯罪。

最后，这也构成了一个政治问题。这个问题源于各类正义守护人与他们共同的执业者达成的交易，源于社会通过默许利用法律的复杂性与其自身达成的交易，而这些复杂的法律只是作为自我辩护的方便伪装，并且只字不提道德权威。

我在这里似乎主要指的是离经叛道的青年，那些所谓的活着的一代。现在我把动机和法律地位大不相同的离经叛道的青年联系起来，并不是为了强调他们的相似性，而是在我们看来，他们被当作了替罪羊。那些拒绝被征召入伍或开小差的人被永久贴上"十恶不赦的败类"的标签。这些年轻的持异议者中的许多人，因为年轻，因为被迫为国家政策服务，所以被很多公民唾弃，并且被几乎所有人当作国家的耻辱。他们别无选择，只能将与日俱增的反抗人格化；而今天，我们仍在辩论是否应该原谅他们，或忘记他们的所作所为。总有一天，这一切都将作为在宣传和情绪上对越南战争不同阶段的回应的转变的一部分，被加以研究。此时此地，我的重点是将青年人从国家生活中排除出去的意愿，而无论如何，这些青年人在我们国家的各种冲突中受到的打击最大。我们将一些囚犯囚禁在监狱之内，而将其他囚犯控制在监狱之外，以避免他们面对那些导致他们越轨的危险冲动或崇高理想，会是这样吗？我已指出，将大量没有任何生活来源，只能去犯罪的人关进监狱，将很多别无选择，只能拒绝为国家服务的人驱逐出境——让我联想起我们这些经过调整的人为了不危及我们对自己的调整而抑制自身中至恶的和至善的潜能所使用的方法。但是，因为我们通过拒绝面对我们身上最坏的一面和最好的一面来限制我们自己的个性，所以我们把如此多年轻人的青春活力排除在滚滚社会生活洪流之外而令美国陷入极度贫瘠——而这一切都打着荣誉、法律和秩序的旗号。

我将不再重复内心抑制和外部压制的关系。但是我认为，我们国家生活的一些最新发展，如把注意力从军方在外国土地上的暴行突然转向国内政治丑闻，接着转向对丑闻负有责任的或陷入丑闻的那些个人戏剧性的公开揭露，应该没有对我在此勉为其难勾画出的心理学上的关系，即对那些对权力过度调适之人内心冲突的抑制、对手观点的压制以及随时对外国人的压迫之间的关系，留下任何疑问。愿我们学会从全局的观点保持这种关联，不要被在某一特定"时间点"上出其不意地满足怨恨或自辩条件的事物搅得心烦意乱。

同时，我们或许要仔细考虑，在历史这一节点上，我们这个国家必须着手解决其对历史罪行——践踏人类和自然——的自我觉察。然而，由于美国自身历史的种种原因，即使对这些迫切需要进行深思熟虑或许也困难重重。而用最民主的方式承认普遍的罪过则是另一回事：很多人一起找到最容易做的事——一周一次。但是，在一个庞大的倡议中识别出傲慢潜质将真切需要一个新身份，而这个倡议因其物质上的成功似乎已成为自身最好的证明（入侵他国都是为了人家好）。如我们大家所见，悔罪不是美国人的长处。的确，悔罪只能让人承认所做的一切，其余的什么都改变不了。找到罪犯更符合我们的风格；而罪犯在接受惩罚时，也代我们受过。自由只能来自对过去罪过的意义和在身份变革中对道德选择时机的深刻洞察。

第九章　解放运动和自我醒悟

刚才，我已经说到了人类身上存在的某些返祖趋势，第一次将伪物种形成的概念与杰弗逊想摆脱各种偏见、既跃跃欲试又缺乏自信的尝试联系起来。而他当时的种种偏见显然得到了他所获得知识的支持，并且让他体验到了一种人间悲剧。那时，为了他的新思想，他似乎需要确定白种人的确是美的，并且需要确定他在白种人脸上所看到的高贵情感，既确保了道德的权威，又抑制了对权力的篡夺。唉，为了让黑人公民不仅享有一些最基本的自由，而且可以获得内心的解放，使他们说服自己和他人黑人是美丽的，也是能干的，我们付出的代价是一场内战和近两个世纪的努力。然而，他们的权利和他们的解放进展得非常缓慢，有时似乎只有强烈的反抗才能使情况取得令人能够感知的进展。

我认为，区分权利和解放、（就像我这些演讲的标题所表明的那样）区分保护前者的各种革命行动和让后者获得自由的内在解放活动，是十分重要的。有人怀疑，一个世界范围内的新身份，最终将不得不从各式各样的革命模式中、从清教徒式的或激进极端的道德狂热中解放自己。通过各种革命模式，权利首先得到了保障。

最后，请允许我将在此提出的一些概念运用到当今的解放运动上，并按这些事件成为全国关注的中心的顺序进行。黑人、青年和妇女都有一个共同经历：他们成了"其他人"，而成年白人男性才是真正的"他"。此外，在所有以身体烙印为特征的各类人群中，有一个固有的、深嵌于内心的心理上的"不自由"，而这些烙印标明了他们与统治阶层之间的天壤之别，这是一种仅靠政治和经济平等的许诺不能消除的"不自由"。当然，没有政治和经济的公平，"不自由"肯定消除不了。因为包含在自由诉求之内的（或多或少）是因在新世界的意象中一直处于远离中心点的边缘位置而被压抑了几个世纪的愤怒情绪。它与下列现象一样简单易懂，一样命中注定：一个黑人如果一直与其他人种都很平等，就不会选择变成一个白人；一名少年如果总是对成长为成年人很有把握，就不会选择现在立即长大；而一位女性，即使在与他人完全平等时，也无法选择生为男性。但是，不能选择与众不同的人也不能自由地决定继续做自己。在这一窘境中，指出一位成年白人男性同样不能选择成为其他类型的人是无济于事的，更糟糕的是，他在孩童时期就知道，他甚至不能假装或梦想最终要成为除一位白人成年男性之外的任何人。的确，在所有社会中（这里包括了所有发达国家）占主导地位的男性群体都拥有特殊机遇和特权，以便于让他们按照制度要求的狭义和统一的条款定义自己的身份。

在西方近期的反叛和抗议浪潮中，为摆脱自己按出生日期被定义为属于某个"伪物种"而要承担的义务，有青年意识的青年人决定要宣布一个跨国家、阶级和宗教的"伪物种"。上一代人现在被看作是一种被社会抛弃的物种，而只有年轻才有希望拥有一个新身份和一个新人格。作为一名作家，我声明：我必须意识到这样一个事实，即身份危机是一个受欢迎的概念，不是（或者不仅仅是）因为它使社会变迁的阶段带有成长的含意——这一点我不会否认——而是因为它有助于将青少年时期的一系列戏剧性事件及全部危险，赞美为一个持久但终将消逝的状态。按照这种状态自身的条件，它十分令人向往。

描写女性则是另一回事。接下来，我将集中精力简单谈谈妇女的解放。因为我演讲的标题提到的是新身份而非新人类（new man），所以这正好让人很容易忘记，在男人和女人的心目中，新人类（new man）一词都意味着白手起家的男性。实际上，一旦这一点得到承认，人们就会怀疑，白手起家是否暗示男性否认自己由女人所生所养：如果能够自己长大，谁还需要被别人养大呢？而且这都是在一个由一位男性——上帝——缔造、并由我们的开国元勋完善的世界上发生的。

被美国人和护花使者以一种最为矛盾的方式大加赞美的女人，在寻求新观念的过程中，不信任像我本人这样的作家，这不足为奇。我本人必须将有关女人有独特优势的结论，建立在男女之间存在（一些）性别差异的主张上。

说到这里，一种新观念在一定时间内同样需要新的伪物种：现在，这个事实非常明显，即女性的确曾像辩论中被反驳的另一性别（男性）那样被对待；在这些辩论中，女人终于可以公开地将男人说成是另一种人。（顺便提一句，当情况由糟糕发展成极其糟糕时，所有解放运动好像在一个动物物种上取得了一致意见。这个物种就像可以与成年白人男性相比较的反物种，喜欢在泥塘里打滚。）人类非常需要这种见解：铁打的传统和对象征性阉割的恐惧将他们变成一种全新物种，这一新物种既急切渴望成功，又不得不整天应付恼人的苦差事，当然，还有令人惬意的工作；既有充满到达光辉顶峰的机会，又存在身败名裂的风险；并且，最为重要的是，他们与要么被征召为一个刽子手，要么成为一个战争受伤致残的受害者的承诺密不可分。但这种见解已经一去不复返了。

如果解放的第一步是可以自由地不成为他人所说人类必须成为的样子，那么，你想成为什么样子，你就可以自由地选择成为那个样子。如此，对女性特质（身份）的期望在弗洛伊德当时著名、现在却臭名昭著的格言"机体构造（身体）就是命运"发表之前就已降低了。而且，这个格言的确有一段与心理历史学相关的有趣历史——弗洛伊德想用它来否定征服者拿破仑"历史就是命运"的座右铭。尽管我（以及其他人）不会否定这两句名言中的任何一种命运，但我们的身份意识会让我们情不自禁地加上一句，人格也是决定性的，并且无论男女，命运取决于他们如何理解在特定历史背景下他们有特定身体条件的事实；当然，看待这一事实的重要方面毫无疑问包括反对他人如何看待它的权利。然而,正如一些作家已明确表示的那样,任何对某一特定身体条件的强调都被当作绝对非美国式的而招致不满,因为美国人的身份认同通过美化的"起家"的角色和个性的自由选择,已经成为非常高层次的人类需求。

当我假设,在生命的各个阶段中,应该在学龄前到上学之间的过渡期内开发人类的创造力(一种必须将自己从婴儿时期的罪过中解脱出来的创造力)时,一些批评人士也在质疑创造力这一提法,认为它过分强调了一种美式价值观。尽管我确信所有类型的人类都开发了为其文化所支撑并受明确的内疚限制的某些形式的创造力,但我也十分清楚,美国身份特别重视与大众对新奇的需求配合得天衣无缝的行动质量。不过,那些创造力有限的人就不会受到这样的重视。实际上,有各种迹象表明,丧失创造力的个体组成的每一个阶层都有负罪感——仿佛是由他们自身的某种原因导致他们丧失了创造力。摆脱这种自责行为的本能方法是采取主动,用说教中的怒火指责他人。然而,怒火很快就会自己熄灭,它会妨碍而不是帮助人们开展有力的行动。

一定程度的抗议是推动解放或至少是伸张正义必不可

少的刺激因素。但是，这个过程一旦开始，就需要一种新意识，而不是对显而易见的事物进行再压抑。它迫切需要对被歧视的人和平常歧视他们的人所达成的内在共谋有深刻的见解。我曾经指出过一个从被歧视者角度看非常知名的内在交易：它如同能从一个共享世界意象的共同存在中被推断出的那样，不仅是对占主导地位的理想的接受，还是对低劣判断的下意识的赞同。我这么做的目的，是讨论在我所在的领域被称作次级获得①的现象。

这种世界意象将白手起家的男人置于宇宙的中心，而在私生活和教育领域给女性分配了作用巨大的从属角色。这些角色对两性而言，都是一种补偿：它让男人感到他们是世界的主宰，而实际上，男人只统治了私生活；它使得女性放弃了其他领域的权力、忽视了自己的潜能。当然，在农耕初期的小城镇，一开始就存在着分工，使各种不同角色至少在一点上获得了平等：给两性分配的都是同样没完没了、同样重要的工作。后来，这样的角色划分被移植到各种完全不同

---

① 初级获得和次级获得为心理学概念。初级获得指的是一种焦虑降低，是那些遭受躯体性失调的人寻求帮助的原始动因。次级获得与此相反，指的是与外在希望成果并无直接关系的个人潜在优势。一般情况下本人对此并不知晓，依旧行事，但会对自己造成伤害。

的经济背景中，并导致对不平等机遇和不平等报酬的接受。但是，白手起家越是强调从"是什么"（即通过努力工作塑造自我）转到"有什么"（即获得并超群占有）再到"能消费什么"（即购买并用掉），女人的角色至少在某些统治阶级中就会越发成为诸如女主人、母亲或招摇卖弄的"销魂尤物"等类型的女性的象征。重要的一点是，在这些角色将女性局限于特定的环境和活动的地方时，它们也给了女性一种许多男人在向其开放的许多领域中不能获得的权力。因此，世界意象中任何突破性的变化，都要求对这样的相互适应展开联合研究。

同样，解放也总是相互的。实际上，真正解放的机会在双方都需要时才会出现。技术、商业和职业的过度扩张也可能塑造男人，一边倒地刻画他们阳刚之气的漫画与家庭主妇、礼仪守护者或人体模特的角色都毫无疑问地充分利用了女性的习性。为了在重新构建经济和政治结构的过程中，兼顾工作机会平等和父母身份的共同责任，男性还必须识别出他们借以继续扮演白手起家的男性角色的伪装，而事实上，他们也正被自己扮演的角色所绑架。随着职业的无限扩张，男性现在或许认识到了长期以来导致目标任务过度扩展的强追观念。他们有可能看穿了在远见卓识的外衣下,企图掩盖财富日渐减少的窘境的各种伎俩。因为显而易见,所有这一切的代价,是动机的僵化和个性的缺失,而动机的僵化和个性的缺失,剥夺了无数生命对幸福的追求,而追求幸福从一开始就是我演讲的主要观点。

结论：一个成年人的时代？

在"杰弗逊讲坛"讲台上要讨论的最后两个问题，都与时代性与身份认同有关。当我是年轻人的时候，人们谈论最多的话题之一是：那个时代①是属于孩子们的。那么，那个时代已经终结了吗？我们希望彼时说的那个孩子们的时代已经悄无声息地与我们这个时代②融合在一起了。事实上，从那时开始，我们已经历过了一个年轻人的时代。然而，我

---

① 在美国，人们有将历史上某个发展时期称为某某时代的传统，例如1809年杰弗逊总统结束第二个总统任期后，美国人将他和后任者执政的期间称为"弗吉尼亚王朝时代"，1817年詹姆斯·门罗的任职时期被称为"感觉良好的时代"。这里作者所说的时代是指，20时代20年代，美国在经历第一次世界大战后，逐渐成为世界上实力最强的国家，呈现出经济繁荣、文化自由的态势，当时美国人喜欢将自己所生活的这个时期称为"新时代"，但对新时代的时间跨度通常没有准确的界定，所谓一个时代只是彼时人们的愿望，1929年"大萧条"席卷美国打破了那个"新时代"。
② 作者所说的"我们这个时代"主要指"二战"结束后的20时代50年代和60年代的所谓"美国经济发展的黄金时期"。

要以虔诚之心发问，成年人的时代将从何时开始呢？在我看来，直到今天，这几个问题依旧没有答案。此外，我们对儿童的认识、对年轻人的认识，仍然是"支离破碎"的（其实对我们自己也一样），除非我们明白我们到底希望他们成长为什么样的人，同时还清楚我们希望我们自己成为怎样的人，或者说，我们曾经及现在是什么样的人，不然的话，我们对儿童和年轻人不可能有清晰的认识。但进一步说，如果我们不知道这些的话，我们会隐隐地愧疚，无论这种愧疚是可以被宽容的还是应受惩罚的，抑或二者兼具。因此，让我们正视一个现实：对儿童和年轻人来说，什么对他们是好的，什么是坏的，这一点既没有可资借鉴的统计数据，也没有可供对比的清单。所以这提醒了我们一点，即我们成为怎样的人对儿童和年轻人来说尤其重要，因为我们是他们成长过程中最重要的参照物。

说来也巧，我正好是一个研究小组中的一员，这个小组的研究题目是"何为成年人"。这里包含两层意思。首先，在历史层面上来看，成年人在不同的时期、身处世界不同的地方应该是什么样的。其次，在当今世界，作为成年人，又应该是什么样的。对于这个题目，当你向一些大名鼎鼎的实用主义学者们讨教时，这些在各自领域都被视为翘楚的饱学之士所给出的答案也许会令你惊讶或哭笑不得，当然他们的答案也可能会让你无动于衷。"我从未思考过这个问题，现在仍没有新的打算。"这个回答来自一个老道的政治观察家。当然，新闻界的一些人士对我们这个问题可能不屑一顾，因为在他们看来，他们也是成年人，只不过他们不愿意对该问题夸夸其谈而已。对何为成年人这个问题，另外一些人的认识又有所不同，因为他们对这个问题没有十足的把握，自然不愿直接面对，担心他们的回答不靠谱而露馅——我讲这番话，好像在显示我对此胸有成竹似的。其实不然！即使如此，我仍然认为，我们每一个人都必须正视这个问题，且无法回避。例如，对你我而言，"成年人"这个词包含什么意思？在未来的现实世界中，成年人在成年人之中又意味着什么？特别是，当我们在考虑一个基本事实时，何为成年人这个问题就具有实质性意义了。这个事实是：孩子们是根据父母的意志出生的，而一旦作为所谓负责任的成年人的确不知道或根本不在乎自己能够为孩子们树立怎样的榜样，或者能够为孩子们提供什么样的多项选择时，孩子们完全有权利向作为成年人的父母提出这样的问题：我们为什么仅仅凭父母之间一种不存在的协议就被选择来到这个世界上？

虽然"adult"（成年人或成年期）这个词来自"adultus"[①]（成年人），"adolescent"（青少年或青春期）这个词源于"adolescentulus"（青少年），但在这两组词中，无论是青少年还是成年人都精力充沛、充满活力，很显然，未来的成年人应该兼具共同、共享和相互关联的人格特征。

性成熟是繁殖的一部分，这是神经生物学中的一个基本事实。只有当我们对这一点不再持否定态度时，人才能够对是否生儿育女自由地做选择，这对任何人都一样。人类有能力把玩部分甚至所有的内驱力，并为获取有价值的生命活力、敏捷的思维和巨大的创造力而对这些内驱力加以利用。但话说回来，如果把目光放长远一些，人类还不得不依靠这些内驱力。认识到成年人具备生殖能力，并不意味着成年人不得不生儿育女，其意义在两方面：其一，如果你原来不知道这一点，现在你明白了；其二，你已经进入这一代人所继

[①] 在英文词源中，adultus和adolescentulus均为拉丁词，前者在16世纪演变为英文词adult，后者于中时代晚期通过法语变成英文词adolescent。

承的世界，并参与到了协助他们成家立业、把握人生方向和充实精神生活的过程之中。生孩子的权利和义务，既包含父母对所有出生的孩子承担更大的个人和公共责任，还意味着父母对孩子的关爱贯穿自己生命的全周期，而只有少生或不生孩子，这项权利或义务才能够不受羁绊。

谈到这个问题，使我再次想起杰弗逊对"一座城市应该具备什么规模才算理想"这一话题所发表的主张[1]。最理想的公共建筑应该能够适应都市化的未来发展，但他也许没能够看那么远（除了步行道，修建自行车[2]道有利于营造健康宜人的城市周边环境）。问题的关键是：每个人在自己生命的每一个阶段都有属于自己和公众的交流网络，这个网络是稳固地建立在现代交通工具和大众传媒之中的。在美国，处处可见对建设这种社会生活元素的自发的愿望。这种愿望还反映在建筑师们的制图板上。我相信，这种愿望是出于良好的政治和精神方面的原因：美国民主存在于一些巨大的政府机构、商业团体、工业集团和劳工组织之中；如果美国的民

---

[1] 杰弗逊是一名优秀的建筑师，弗吉尼亚大学中心校园的拱顶大厦是他的代表作。
[2] 人类最早的自行车于1818年出现在法国等少数欧洲国家。

主想要生存发展的话，就必须建立在人与人相互联系的基础上；人与人之间的相互联系又必须根植于一个又一个人数多寡较为适宜的群体之中；这就意味着，在涉及那些可能对人们生活产生影响的问题方面，必须有一股力量能起到制衡作用。此外，这还涉及妇女的权利问题。女性作为人力资源所发挥的能量，在任何领域都比不上在未来的大众文化领域。女性的作用在这个领域不可或缺。在人类生存发展的方方面面，女性已经学到了对孕育后代所要承担的各种责任，还掌握了处理与已进入成年期的孩子之间的关系，并且熟悉在更大范围的社群中维护公共利益的方式。男性掌握大多数这类技能的能力不言而喻，当然这取决于他们的愿望。这不仅仅因为他们有母亲们可效仿，还因为每一个男人的心中都装着一个母亲，也因为责任和关切，只要环境和条件允许，无论他们身处何处，他们所承担的责任就会发挥作用。

根据"杰弗逊讲坛"的日程安排，我的演讲时间仅剩一分钟，我希望利用这最后的一分钟对"何为成年人"这一问题做一个明确的解释。如果我从身份问题入手，也许各位会感觉更容易理解一些。我认为，对一个人以及他曾经的种族来说，身份认同并不是全部，也并不意味着一切。我曾经尝试通过研究美利坚民族身份认同的形成过程和历史沿革，对其未来的发展趋势进行分析。然而，人们对身份认同的持续关注，或导致沾沾自喜，或导致牢骚满腹，前者因知道自己是谁而自鸣得意，后者则因全然不知道自己是谁而沮丧自卑。从发展的观点出发，我应该说：在年轻的时候，你会发现你喜欢做什么以及希望成为谁——即使你正处在转换的角色中；在刚步入成年行列时，你了解到的是，你希望与谁一起工作，以及在私生活中喜欢与谁为伴——不仅彼此亲昵，还分享私密；而在成年以后，你能学到的是，你能够给予什么，以及你能够给予何人。关于这个问题，我曾经以一个彻头彻尾的普通美国人的身份谈论过，现在我必须补充一点：这个问题作为一项原则，它相当于印度教中所谓的"宇宙法则之维护"[①]。其意义在于，你作为生灵，处在生命轮回周期的中间，该法则允许你也要求你将死亡视为生命再生循环的一个过程，而不是一个什么大不了的问题。此外，该法则还帮助你用达观和持久，且唯一的幸福观直面并维护生命中

---

① 印度教最重要的就是相信最高实在的宇宙法则，即婆罗门以及他与个人灵魂的一致性。所有的生灵都要通过再生的循环，即轮回。轮回只能通过精神的自我实现才能被打断，然后生灵才得到解脱。

这种自然的平衡，同时要求你不断加持这一持久而唯一的幸福，其途径是：付出你的心性、永怀悲悯之情、提升你在现世中的境界。对我来说，这宛如一条政治原则，"幸福"成为一个彻头彻尾的陌生词，但能够作为定义成年人的唯一注脚。这可引申出一个义务继承的限度问题。关于应该由下一代继承成年人义务的限度以及其他我们所强调的对这些义务的评估，杰弗逊曾经说，这些内容应该包括成年人的愿望，即为了不把从上一代成年人那里继承下来的义务作为负担留给下一代，成年人将学会相互帮助。然而，在这方面，或许有人会笼统地说，杰弗逊也许算不上一个伟人（不幸的是，他本人对此是知道的）。如果这个看法是有具体所指的话，对杰弗逊来说，这样的结果不一定是源自他内在的境遇，即杰弗逊从他的祖辈们那里承继来的并带有强迫性的良知，而是来自他对那些重要人物形象的敬重，这些形象都是他青年时代所看到的真实存在的成年人和杰出的人士。我相信，当我们今天再度对杰弗逊这样的成年人进行审视时，这应该是最深刻的一堂课。

近来流行一句新的问候语，其特点是使用的场合随意、非正式。从字面上看，大概没有超出"照顾好自己"或"注意身体"等。我倒是希望这个新语的寓意更深一些也更广一点儿,所以,我用它作为自己参加"杰弗逊讲坛"演讲的结束语:"好自为之"(TAKE CARE)。

(全书结论部分结束)

译后记

　　译者在翻译此书的过程中，主要挑战来自两个方面：

　　一是面对大量欧美历史事件、各式历史和当代人物，以及宗教、文化等问题，作者或明喻或暗指，抑或点到为止，这为吃透作者的弦外之音增加了难度。

　　二是作者接受的是德奥教育，移居美国时已过而立之年，语言风格已经成熟，而全文都是带有强烈个人风格的口语，当年在现场的听众要完全听懂都可能有一定的困难，何况时过境迁，要在准确理解的基础上译成通俗易懂的汉语，的确是个难点。

　　然而，为让读者能够真正理解甚至赏析这部书稿，我们采用了直译的方式，并在尽量保持原文语言风格的同时，对一些重要人物、事件等加了约110个脚注。

　　由于受时间、水平和参考资料所限，译稿中难免存在错误，敬请广大读者批评指正。

《新身份认同的维度》翻译组
2021年10月31日